세치혀

사람을 끌어들이는 **힘**

自我推銷麻辣燙
作者：安東

Copyright ⓒ 2004 by 海天出版社
All rights reserved.
Korean Translation Copyright ⓒ 2006 by ISON Publishing.
Korean edition is published by arrangement with 海天出版社.
through EntersKorea Co., Ltd, Seoul.

이 책의 한국어판 저작권은 (주)엔터스코리아를 통한
중국 海天出版社와의 계약으로 도서출판 이손이 소유합니다.
신저작권법에 의해 한국 내에서 보호를 받는 저작물이므로
무단전재와 무단복제를 금합니다.

세치혀
사람을 끌어들이는 힘

• 아번 지음 | 김태일 옮김 •

이손

서문

2백금짜리 진주를 2만금에 파는 법　　　　　　　12

1 나를 디자인 하라

수요가 공급을 초과하면 관리가 필요하다　　　　16
하인의 눈에 위대한 사람은 없다　　　　　　　　19
루스벨트와 처칠을 누른 스탈린의 이미지 연출　　22
자신의 가장 좋은 면을 보여줘라　　　　　　　　26
VIP의 열정과 에너지　　　　　　　　　　　　　30
두 번 생각한 후에는 이치가 더욱 분명해진다　　　32

2 세치혀로 사람의 마음을 움직이는 법

세치혀로 천하를 얻은 진시황　　　　　　　　　38
심리를 움직이는 힘　　　　　　　　　　　　　41
유머, 한마디의 광고 효과　　　　　　　　　　　43
목소리는 명함이다　　　　　　　　　　　　　44
빠른 것보다 느린 것이 낫다　　　　　　　　　　48
태도가 절반을 차지한다　　　　　　　　　　　51
링컨처럼 말하라　　　　　　　　　　　　　　53
교제의 탐조등을 켜자　　　　　　　　　　　　53
대화의 심리 조절　　　　　　　　　　　　　　58

3 듣기 좋은 목소리의 힘

보기 전에 먼저 그 소리를 듣게 하라   62
타이밍이 절반이다   64
준비된 자의 여유   67
습관과 예절의 벽을 넘어라   68
보이지 않는 상대와의 대화   71

4 달콤한 언어의 기술

고양이에게 고추 먹이기   76
물건 값은 높이고 나이는 낮춘다   78
아름다운 착각을 심어줘라   81
인물을 보고 요리를 내다   84
역발상의 정화인 격장법   85

5 침묵하는 사람이 신비롭다

3퍼센트만 말하라   90
한마디 말에 중점을 둬라   93
적당히 대화하는 법   97
차가운 진실, 따뜻한 거짓말   100
질시의 함정을 멀리하라   102

6 유머, 무한한 매력의 힘

침착함이 방법을 만들어준다 　　　　　　　106

효과적인 사과의 기술 　　　　　　　　　109

빠져나갈 길을 만들어놓자 　　　　　　　114

자조의 유머 　　　　　　　　　　　　　115

7 쓴 약 달콤하게 먹이는 법

도전을 거절한 사자 　　　　　　　　　　122

좋은 약은 입에 쓰고, 충언은 귀에 거슬린다 　125

비평은 집비둘기와 같다 　　　　　　　　127

듣기 80%, 말하기 20% 　　　　　　　　128

무언의 목소리로 의미를 알자 　　　　　　131

8 첫 만남을 친근하게 이끄는 법

농부는 마부가 설득할 수 있다 　　　　　　136

모방에서 시작하여 상대를 선도하자 　　　　139

상대의 채널에 맞춰라 　　　　　　　　　141

연결고리를 찾아라 　　　　　　　　　　143

열정으로 거리를 좁히자 　　　　　　　　146

고슴도치의 법칙 　　　　　　　　　　　148

9 당당하게 '노'라고 말하는 법

승낙, 빠져나올 수 없는 늪	156
완병지계: 긴급한 상황에서 숨 돌릴 시간을 얻는다	159
선발제인: 먼저 공격하여 남을 제압한다	161
차화헌불: 남의 꽃을 빌려 부처에게 바친다	163
화제를 유도하라	165
감정의 앙금을 없애라	166
당근과 채찍	167

10 연단 위의 뜨거운 카리스마

매력적인 언어의 힘	170
그들만의 방식을 취하라	173
빠르고 강렬하게	176
첫 1분을 사로잡는 말	182
점에서 면으로, 표면에서 내면으로	184
웃으면서 사라져라	188
바디랭귀지도 리허설 하라	190
듣기 좋은 목소리의 힘	192
최고의 웅변가 탈레스의 성공 비결	193

11 논쟁, 차가운 언어의 기술

즉흥적인 반박의 기술 200
약한 고리를 찾아 집중 공격하라 204
난국을 돌파하는 4가지 기교 208
교활한 문제는 교묘한 회답으로 212
역설의 진리를 이용하라 215
쓴 약 달콤하게 먹이는 법 217

12 나를 세일즈 하라

마음을 파고드는 마케팅 222
모수자천, 객반위주 224
용은 깊은 물에서 논다 227
판매자시장 만들기 229
상대의 힘을 빌려 원하는 것을 얻는다 232
허장성세를 이용하라 233

13 세치혀로 천하를 마케팅 하라

좋은 술도 향이 널리 퍼져나가야 그 가치가 빛난다 238
풍훤의 자기 세일즈 241
결정적 순간을 위한 준비 244
적선소의 지혜 245
방통이 세상에 나온 까닭 247

서문

2백금짜리 진주를 2만금에 파는 법

언젠가 진주 하나를 팔기 위해 시장에 간 적이 있다. 온종일 진주를 진열해 놓았지만 막상 가격을 물어보는 사람은 없었다. 그 진주의 가치를 익히 알고는 있었지만 점점 자신감이 사라졌다. 그때 유명한 진주 감정사가 다가와 내 앞에 진열된 진주를 살펴보고 감탄하며 말했다. "훌륭한 물건을 알아보는 사람이 없으니 안타깝구나!" 그러고는 나에게 진주를 높은 가격에 팔 수 있는 방법을 알려주었다.

둘째 날, 나는 질 좋은 향나무를 구하고, 뛰어난 목수를 초빙하여 진주를 담을 함을 짜기 시작했다. 계피 향으로 함을 물들이고 외관에 정교하게 꽃문양을 새겨넣고 테두리는 금으로 둘러쌌다. 진주를 그 화려한 함에 넣어 시장에 진열해 놓자 많은 사람이 몰려들었다. 사람들이 제시한 가격이 점점 높아져 마침내 진주의 가격이 200금에 이르렀다. 하지만 나는 그 가격에 일말의 미동도 하지 않았다.

셋째 날, 한 가지 계책을 세운 후 다시 시장에 나갔다. 시장에 도착하자마자 또 많은 사람들이 주위를 에워싸고 진주를 감상했다. 진주 감정사가 구경꾼을 헤치고 나오자 모든 사람들이 그를 주시하기 시작했다. 그는 진주를 한참 살펴본 후 아무 말도 없이 고개만을 끄덕이고 돌아갔다. 그러자 갑자기 시장은 웅성거리기 시작했고, 더더욱 많은 사람들이 몰려와 가격을 제시하기 시작했다. 진주 가격은 금세 2천금까지 올랐으나, 나는 여전히 진주를 팔지 않았다.

넷째 날, 진주를 가지고 시장에 도착했다. 이번에는 조그만 방망이를 함께 가져 갔다. 내가 함을 열자 군중들 속에서 가격을 제시하는 소리가 울려 퍼졌다. 나는 처량한 표정으로 차분히 군중을 살펴본 후 손을 흔들어 조용히 하게끔 했다. 그리고 한탄스러운 듯 말했다.

"안타깝구나. 조상 대대로 전해 내려온 세상에 보기 드문 진주가 겨우 2천금이라니, 정말 이 세상에 이 진주의 가치를 알아볼 수 있는 사람이 없단 말인가. 가치를 알지 못하는 사람의 손에 들어가는 걸 두고 보지 못하겠다."

그러고는 방망이를 들어 진주를 향해 내려치러 했다. 그러자 군중들 속에서 한 사람이 뛰쳐나와 내 손을 잡았다. 그는 3일 동안 시장에서 진주를 구경하고 갔으나 이제까지 한 번도 진주 가격을 제시하지 않았다. 결국 나는 진주를 2만금에 그에게 팔았다. 물론 그것은 아름다운 진주함의 가격도 포함된 것이다.

상품 자체보다는 마케팅이 더 중요하게 여겨지는 사회이다. 이런 풍조를 비웃거나 무시하는 사람은 바로 시장의 절묘한 타이밍을 놓치는 우매한 자들이다. 이와 같은 상황은 지금도 매일 일어나고 있다. 우리가 해야 할 일은 현실에 맞게 문제를 해결하는 것이지 옆에서 조소를 보내는 것이 아니다. 인생을 살아가면서 우리는 한 번쯤 자기 자신을 마케팅할 상황에 직면한다. 진주가 어떻게 팔렸는지 생각해 보라. 자신을 마케팅할 때는 본인의 능력 이외에 다른 몇 가지 요소도 영향을 미친다. 마케팅은 일종의 PR로 말재주와 자신만의 이미지가 필요하다. 또한 여러 가지 이해관계를 바탕으로 기회를 얻는 과정이기 때문에 사람들과 융화해야 연결고리를 만드는 능력이 필요하다.

나를 디자인 하라 1

이미지는 인간관계의 성패뿐만 아니라
인생을 좌우한다.

수요가 공급을 초과하면 관리가 필요하다

일반인 또는 그 이하의 사람이 될 것인지 아니면 유명한 인물이 될 것인지 선택할 권리가 주어진다면 대부분이 후자를 택할 것이다. 현대에서는 유명 인물을 VIP(Very Important Person)라고 부른다.

북송의 유명한 시인 소식은 「염노교·적벽회고(念奴嬌赤壁懷古)」에서 "큰 강은 동으로 흘러가고 파도는 쉼 없이 천년의 인물들을 스쳐 지나가네"라고 노래했다. 마오쩌둥은 「심원춘·설(沁園春雪)」에서 "수많은 풍류 인물을 돌이켜 오늘을 돌아보는구나"라며 과거의 영웅들을 회고하고 있다. 예나 지금이나 뛰어난 인물들은 존경과 부러움의 대상이다.

여기서 우리는 '어떻게 하면 평범한 사람이 아닌 VIP가 될 것인가?' 라는 문제에 부딪치게 된다. 이 문제를 해결하기 위해 우리는 VIP라고 불리는 사람들이 어떠한 과정을 통해 사회 속에서 인정받았는지를 알아보았고, 그 결과 현대는 이미지 사회라는 사실을 발견할 수 있었다.

예술, 과학과 기술, 비즈니스, 스포츠 등 거의 모든 분야에서 이미지 마케팅이 유행하고 있으며, 그중 뛰어난 이미지 메이커만이 성공한다. 또한 이들은 사람들과 관계를 맺으면서 자신의 가치와 지식을 한층 더 넓혀 나간다.

이러한 현실은 우리에게 한 편의 블랙코미디 같은 결론을 제시한다. 즉 평범한 사람으로 남지 않기 위해서 외면적인 이미지 관리와 자기 홍보를 통해 마치 자신이 VIP인 것처럼 행동할 필요가 있다는 것이다. 이미지의 중요한 의의는 여기에 있다. 이미지는 사교 활동뿐만 아니라 비즈니스 활동에도 영향을 미치며 최종적으로는 우리의 운명을 좌우한다.

우리가 VIP로 거듭날 수 있느냐 없느냐는 어떠한 이미지를 소유하는가에 달려 있다. 경영학의 명언 중 "어떠한 상황에서도 수요가 공급을 초과하면 관리가 필요하다"는 말이 있다. 이 개념을 이미지 관리에 적용해 보면, "자신이 모든 사람의 사랑과 존경을 받는 인물이 아니라면, 그래서 크게 발전해 인정받고 싶다면 좋은 이미지를 만들고 꾸준히 관리해야 한다"라고 해석할 수 있다.

쉽게 말해서 이미지 관리란 최소한의 시간과 돈, 정력을 사용해 스스로를 모든 사람의 존중과 사랑을 받을 수 있는 사람으로 만드는 것이다. 그 범위는 개인 소양, 미적 감각, 외모, 사교술 등 전방위의 라이프 스타일을 포함한다. 체형과 외모는 상당 부분 천성적으로 타고나지만 이미지는 끊임없는 관리를 통해서 만들어지는 것이다.

과학적인 이미지 관리로 내적인 요소 즉, 몸가짐과 심리적 상태를 개선할 수 있으며, 개인을 하나의 브랜드로 이미지화할 수 있다. 그렇게 되면 자신감이 상승하고, 매력과 경쟁력이 강화되어 라이프스타일이 더욱 향상된다. 여기서 각자의 이미지를 단지 다른 사람에게 비친 자신의 모습만으로 인식해서는 안 된다. 개인의 이미지에는 자기 스스로를 어떻게 보는지도 반영된다.

이미지의 좋고 나쁨은 직접적으로 개인의 발전에 영향을 미친다. 좋은 이미지를 보유하고 있으면 자신감이 높아지고 자신의 가치를 소중히 여기게 된다. 그 결과 자연적으로 타인의 존경을 받게 된다. 반대로 자신의 이미지 관리를 소홀히 한다면 눈앞에 있는 기회마저 놓칠 수 있고, 평범한 사람 또는 그 이하로 전락할 수도 있다.

사교적인 모임에서 자신이 "와, 정말 감각이 뛰어나세요" 또는 "정말 매너가 좋으십니다" 등의 칭찬을 듣는 광경을 상상해 보라. 자신감이 두 배로 증가하지 않겠는가? 자신의 성과가 예상을 훨씬 초과하면 지속적으로 유지 또는 개선하고 싶은 마음이 들지 않겠는가?

적극적인 이미지 관리는 인생을 올바른 방향으로 계속 순환하게 한다. 자신의 이미지가 개선될수록 더더욱 자신을 존중하고, 자신감이 증가하며, 업무능력이 향상되고, 타인들도 존경하게 된다. 이런 과정을 통해 우리는 더욱 세심하게 자신의 이미지에 신경 쓰게 된다.

하지만 우리는 이와 상반된 경우를 쉽게 볼 수 있다. 재능이 출중한 인재와 성실한 사람이 좋지 않은 이미지 때문에 스스로의 발전을 해치는 것이다. 이러한 사람은 자신을 제대로 나타내지 못하기 때문에 당연히 받아야 할 존경을 받지 못한다.

부정적인 이미지, 예컨대 단정하지 못한 옷차림과 몸가짐, 시대에 뒤떨어진 사고, 불분명한 태도, 타인과 어울리지 못하는 성격 등은 다른 사람의 호감이나 이해를 얻지 못한다.

우리 모두 한번 생각해 보자. 누가 끊임없이 큰 가슴만 유지하려고 노력하는 여자를 직원으로 고용하겠는가? 누가 옷차림이 단정하지 못하고, 손톱에 때가 낀 직원에게 큰일을 맡기겠는가? 게다가 누가 일주일 동안 세탁하지 않아 냄새 나는 셔츠를 입고 있는 경영자와 진심으로 사업에 관해 협상하고 싶겠는가? 이미지는 사교 활동뿐만 아니라 사업의 발전에도 영향을 미친다.

체중, 피부, 옷맵시 및 헤어스타일 가운데 어느 한 부분이 다른 이들의 놀림감이 되어 자신감과 자존심에 상처를 입는 상황을 한번 생각해 보라. 또한 성숙하고 안정감 있으며 열정적이고 명랑하게 행동함으로써 자신의 역량이 충만해지는 상황을 생각해 보라.

자신의 이미지를 과학적으로 관리했는지 자문해 보자. 답이 '노(No)'라고 나왔을 경우 어떻게 하면 자신의 이미지를 성공적으로 관리해 멋진 인생을 펼칠 수 있는가를 생각해 보자.

하인의 눈에 위대한 사람은 없다

이미지 관리는 앞으로 인생을 살아가는 데 꼭 필요한 투자항목이다. 즉 성공하면 상당한 수익을 얻을 수 있지만 실패하면 막대한 손실을 입게 된다. 먼저 수익적인 측면에서 살펴보자. 자신의 이미지를 높이는 데 성공했다면 광범위한 자금 동원력, 타인의 주의력을 집중시키는 힘, 신용, 추종자 등을 얻을 수 있다. 기업의 CEO인 경우 자신의 이미지 관리는 자신뿐 아니라 기업의 가치와도 직결된 문제이다. 세계 500대 기업을 대상으로 연구한 결과, CEO의 이미지가 기업 및 상표에서 차지하는 비중이 25%에서 45% 사이인 것으로 조사되었다.

그러면 위험적인 측면을 한번 살펴보자. 어떤 분야에서든 관리에 실패하면 손실을 보게 된다. 이미지 관리가 종합과학이라는 사실을 이해하지 못한 채 단순히 특정 부문 혹은 남보다 뛰어난 부문만을 강조하여 이미지 마케팅을 실시한다면 한계에 봉착할 것이다. 이미지가 한 방향으로 고정되면 그것을 변화시키거나 새로운 이미지로 전환하기가 쉽지 않아 발전할 수 있는 여지가 줄어든다. 마찬가지로 타인의 취향에 맞게 의식적으로 자신의 이미지를 만들 경우 원래 자신이 보유한 개성, 인격 및 친밀감을 향상하는 데 소홀해진다.

"하인의 눈에 위대한 사람은 없다"라는 속담이 있다. 이 말은 사교 장소에서 보이는 친밀함 속에는 중상비방이 공존한다는 뜻이다. 어쨌든 이미지 관리는 사회자원을 획득하는 하나의 방법으로서 현대인의 필수 항목이다.

이미지의 좋고 나쁨은 연예인뿐만 아니라 일반인에게도 역시 중요한 문제이다. 이미지 관리는 교제 활동 및 자신을 마케팅하는 데 필요한 기초 요소로서, 이미지의 좋고 나쁨은 마케팅 활동의 성패와 직접적인 관련이 있다. 이미지 관리 방법을 구체적으로 배우기 전에 먼저 이미지 관리의 3가지 원칙을 알아보자.

첫째 개인의 이미지도 상품과 마찬가지로 관리와 마케팅 개념을 적용할 수 있다. 개인의 이미지는 개인의 지식 수준, 품성, 전문성 등과 관련이 있을 수도 있고 없을 수도 있다. 하지만 개인이 원래 보유한 조건을 바탕으로 이미지를 만든다면 성공적인 이미지를 쉽게 창출할 수 있다. 지속적으로 출시되는 신상품처럼 일정한 조건을 만족시키면서 포장과 가공을 통해 관리 및 마케팅을 할 수 있다. 그러기 위해서는 우선 자신이 목표로 하는 집단의 기대 수준을 이해해야 한다. 목표로 한 집단에 관한 정보를 수집하고 어떻게 접근할 것인지 전략을 수립하여 적극적으로 자신을 알려 인정받아라.

둘째 이미지를 관리하는 데는 세밀함이 필요하다. 모든 사람은 각자에 대한 인식을 가지고 있으며, 거기에는 자신에 대한 기대와 경험으로 얻은 체험이 함께 녹아 있다. 하지만 사회학에서 말하는 '거울이론'에 의하면 인간은 자신에 대한 타인의 반응과 평가를 통해 자아를 정립한다고 한다. 즉 자신을 둘러싸고 있는 사회에서 인정받기 위해서는 자신이 먼저 사회의 요구와 기대에 부합해야 한다. 그렇다면 자신의 이미지를 만들고 마케팅할 때 반드시 기억할 점은 무엇인가? 바로 사람을 대할 때의 세밀한 표현들이다. 예를 들어 물건을 건네받는 모습, 외모, 말씨 등이다. 때때로 이런 세밀한 것들이 타인이 우리의 이미지를 판단하는 주요한 근거가 된다.

셋째 이미지 관리를 하는 데는 반드시 좋은 상황일 때 앞으로 있을지도 모를 위기 상황을 잊지 않고 시대의 변화에 맞추어 나아가는 자세가 중요하다. 모든 관리에는 위기에 대응하는 전략이 포함되어 있다. 사회자원의 부족으로 모든 분야에 걸쳐 경쟁이 벌어지고 있으며, 사람을 대할 때 타인의 이미지를 중상모략하는 일이 비일비재하다. 따라서 경쟁 상대의 위협에 항상 경계하는 자세를 유지해야 한다. 그들은 어느 때나 당신의 이미지에 치명적인 일격을 가할 수 있다. 또한 시대에 따라 유행하는 물건이 있듯이 사회가 요구하는 개인의 이미지 역시 끊임없이 변한다. 사회의 요구와 자신이 보유하고 있는 능력의 차이를 깊이 인식하고 그에 맞춰 자신의 이미지를 조정하고 관리하는 전략이 필요하다. 이렇게 함으로써 우리는 진정한 VIP가 될 수 있다.

루스벨트와 처칠을 누른 스탈린의 이미지 연출

스탈린의 아들이 이야기한 얄타 회담의 한 일화를 살펴보자.

얄타 회담이 개최되었을 때 회담 기간 내내 스탈린이 회담 시간에 지각하여 루스벨트와 처칠이 그를 마중 나가야 했다. 어느 날 스탈린이 또 지각을 하자, 루스벨트와 처칠은 미리 그의 버릇을 고쳐주기로 약속하고 그가 회담장에 들어오는 것을 못 본 체했다. 그러나 스탈린은 문을 들어선 후 자리에 앉지 않고 멈춰 서서 루스벨트와 처칠을 한참 동안 쏘아보았다. 따가운 시선을 더 이상 견디지 못한 루스벨트와 처칠은 결국 자리에서 일어나 스탈린을 마중 나가야 했다.

VIP가 자리에 입장할 경우 사람들은 그의 등장을 무시하지 못한다. 세 사람이 회의에 늦게 들어오는 상황을 가정해 보자. 첫 번째 사람은 빠른 걸음으로 들어와 급히 자리에 앉으며 다른 사람에게 인사도 하지 않고 허둥지둥 서류철을 꺼낸다. 두 번째 사람은 다른 사람의 주의를 끌지 않으려고 조심조심 걸어와 자리에 앉는다. 세 번째 사람은 회의실까지 걸어와 문 앞에서 잠시 멈춰 서서 미소로 인사를 대신하고 자리에 앉는다.

일견 사소해 보이는 순간에도 그냥 지나쳐서는 안 된다. 이처럼 사소하게 여겨지는 것들이 당신의 가치를 좌우한다. 생활의 리듬이 빨라지고 수많은 정보에 파묻혀 살고 있는 현대사회에서 우리는 주변 세계를 빠르게 이해하고 판단하며 행동해야 한다. 이런 환경 속에서 사람들은 상대방에 대한 첫인상을 기초로 계속 관계를 발전시킬지 혹은 중단할지를 결정한다.

사교 장소에서 한 사람에 대한 평가는 인사기록 카드나 각종 계량화된 수치로 이루어지는 것이 아니라 대부분 직감에 의존한다. 옷차림, 대화 방식, 행동을 통해 갖게 되는 이미지는 비교적 정확하다. 과학적인 연구결과에 의하면 인상이 좋고 나쁨은 두 사람이 만난 직후 6초 내에 결정된다고 한다. 우리가 한 글자를 말하기도 전에 우리에 대한 이미지는 이미 상대방의 머릿속에 들어간 상태이다. 이는 외모와 행동이 전체 이미지의 80%를 차지하기 때문이다.

첫인상은 언어 교류가 아니라 시각적인 관찰로 형성된다. 소리보다는 화면을 통해 기억한 것이 훨씬 더 강렬하게 인지되는 것도 이 때문이다. 만난 사람이 무슨 말을 했는지는 기억나지 않지만 대화 장면은 마음속 깊이 남아 있는 경우를 흔히 경험해 보았을 것이다. 시간이 한참 흐른 후에도 어떤 계기만 주어진다면 그때의 장면들이 머릿속에 떠올라 교제 분위기에 영향을 미칠 것이다.

사람들은 종종 감정적 반응을 이성적 판단보다 우선시한다. 상대방을 보면 감정적 반응이 먼저 일어나며, 이것을 바탕으로 상대방과의 관계가 형성되는 것이다. 첫 만남에서 상대방에게 부정적인 인상을 남겼다면 우리의 능력과 성격 그리고 품행이 아무리 좋다 해도 부정적인 인상을 만회하기가 쉽지 않으며 그것을 바꾸려면 몇 배의 노력을 기울여야 한다. "산뜻한 시작은 성공의 반을 보장한다"는 말이 있다. 상대방에게 좋은 첫인상을 남긴다면 당신 앞에는 무궁무진한 기회가 펼쳐질 것이다.

그렇다면 상대방에게 좋은 첫인상을 남기려면 어떻게 해야 할까? 앞에 언급한, 지각한 세 사람이 회의실에 들어오는 상황을 예로 살펴보자. 회의실에 들어오는 그 순간만으로 판단해 보면, 첫 번째 사람은 계획성이 없고 덤벙댄다. 두 번째 사람은 소심한 성격으로 자신감이 없고 책망받는 것을 두려워해서 안정감이 부족하다. 또한 타인의 주목을 받는 것도 두려워한다. 대다수의 사람이 첫 번째와 두 번째 유형에 속하는데, 이들은 특별한 목표 없이 평범한 사람으로 살아가길 원하며, 또한 그렇게 살아가고 있다. 그와 반대로 세 번째 사람은 비즈니스를 성공적으로 이끄는 것은 물론 이미지 관리에 세심한 주의를 기울인다.

중요한 인물로서 자신의 이미지를 구축하기 위한 첫 번째 단계는 바로 무대에 등장하는 태도를 개선하는 것이다. 중요한 사람과 세상일에 능숙하지 못한 '사회 초년생'을 구별하는 순간이 바로 무대에 등장하는 시기이다. 발걸음 속도만으로 쉽게 구별할 수 있다. 쉽게 긴장하고 부끄러움을 잘 느끼는 사람은 리듬감도 없이 허둥지둥 나오는 반면, 성공한 사람들은 최대한 리듬감을 유지하려고 한다.

토론회에서 사회자가 청중에게 당신을 소개하는 광경을 상상해 보

자. 이때 침착하고 안정된 발걸음으로 강단에 올라가 의식적으로 탁자 옆에서 잠시 대기한 후 강단 아래를 한번 살펴보는 것이 좋다. 그 다음 원고를 꺼내 탁자에 펼친 후 다시 고개를 들어 청중을 한번 살펴본다. 이런 예비 동작을 마친 후 강연을 시작한다면 청중에게 무게감을 줄 수 있다. 잠시 대기하는 것은 리듬감을 유지하기 위한 전략의 일부분으로 망설임이 아니다. 리듬 있는 동작과 언어로 청중의 주의력을 집중시킬 수 있다.

사람들로 북적대는 방에 들어가면서 마치 사자 우리에 들어가기라도 하는 듯 긴장하는 사람이 있다. 적당히 긴장감을 느끼는 것은 당연하다. 하지만 너무 긴장한 나머지 초조함과 당황스러움을 표출하고 예의에 어긋난 실수를 저지른다면, 주위 사람은 당신의 행동이 왠지 부자연스럽다고 생각할 것이다. 그렇게 되면 좋은 첫인상을 남기지 못하게 되고, 심할 경우 부정적인 인상마저 심어주게 된다. 천성적으로 긴장을 잘한다면 자제력을 키우는 연습을 해야 한다.

그 외에 문을 열면서 소란스럽게 말한다거나, 옷을 매만지면서 들어오는 것도 좋지 않은 방법이다. 이런 행동은 사람들의 주의력을 분산시키고, 다른 사람에게 안정감이 없다는 인상을 심어주게 된다. 또한 화가 난 듯 성큼성큼 들어오는 것과 군대에서 행진할 때와 같이 딱딱한 걸음으로 들어오는 것 역시 감점 요인이다.

회의실에 들어올 때는 시선이 자신의 발이나 천장을 향하게 하지 말고 최대한 자연스럽게 사람들을 바라보며 미소를 지어 보인다. 늦게 도착했거나 자리를 먼저 떠나야 할 때 살금살금 행동하는 것은 좋지 않다. 태풍이 몰아치는 것처럼 휙 들어오는 것도 예의 있는 태도가 아니다. 먼저 문 옆에 잠시 대기하여 다른 사람이 자신을 알아차리게 한다. 다른 사람에게 방해가 될 수 있으므로 회의실에 늦게 들어온 이유를 설명할 필요는 없다. 사회자에게 간단히 목례를 함으로써 자신이 도착했음을 알리면 된다.

얼마나 중요한 장소인지, 혹은 얼마나 많은 사람이 자리하고 있는지는 상관하지 말고 가슴을 펴고 미소를 지으며 당당한 발걸음으로 들어가자. 이때 서류가방은 왼손에 들고 오른손은 악수할 수 있도록 비워둔다. 몸을 구부정하게 앞으로 기울이거나 서류가방을 가슴에 안고 들어와서는 안 된다. 이런 자세는 나약한 인상을 심어준다. 회의실에 들어가는 도중에 넘어지거나 비틀거리는 것과 같은 난처한 상황이 발생할 때는 신속하게 일어나 표정을 가다듬는 마음의 여유를 보이는 것이 가장 좋다. 자신의 실수에 대해 유머러스하게 한마디 하는 것도 주위의 분위기를 환기시킨다.

자신의 가장 좋은 면을 보여줘라

사람들은 누구나 이름을 널리 알릴 만한 큰 인물이 되기를 꿈꾼다. VIP가 VIP로서 대접받는 이유는 일반인과 다른 뚜렷한 특징이 있기 때문이다. 이미지 관리는 과학인 동시에 정해진 규범과 형식이 존재하지 않는 사회예술이다. VIP가 되기 위해서는 여러 가지 경험을 쌓고 배워서 자신만의 독특한 스타일을 형성해야 한다.

동진 영창 원년(322년)의 일이다.

태위 치감에게는 재주와 용모가 뛰어난 딸이 있었는데, 왕씨 집안의 자제들이 용모와 재주가 뛰어나다는 말을 듣고 그중 한 명을 사위로 삼을 결심을 했다. 치감은 문하생 가운데 일 처리가 노련한 사람을 왕씨 집안에 보내 왕도와 결혼 문제를 상의하게 했다. 왕도는 문하생을 동쪽 사랑채에 데려가 아들들 가운데 마음에 드는 사람을 선택하도록 했다. 문하생은 그들을 관찰한 후 돌아가 다음과 같이 보고했다.

"왕씨 집안의 자제 모두 훌륭한 인재들이었습니다. 사위를 고른다는 말을 듣고 흥분과 긴장감에 싸여 있었으나, 단정한 옷차림에 규범 있는 행동을 보였습니다. 유독 한 젊은이만 아무 일도 없다는 듯이 옷을 풀어헤치고 배를 드러낸 채 침대에 누워 음식을 먹고 있었습니다. 아마 사위를 선택한다는 말을 듣지 못한 것 같습니다."

치감은 크게 기뻐하며 말했다.

"그가 바로 내가 찾는 사윗감일세."

치감은 직접 달려가 옷을 풀어헤치고 배를 드러낸 채 침대에 누워 음식을 먹던 젊은이를 사위로 삼았다. 치감의 사위가 된 사람은 바로 후일 서성(書聖)으로 불리는 중국 최고의 서예가 왕휘지이다. 사람들이 사위를 '동상쾌서(東床快壻, 배를 드러내 놓고 동쪽 침상에 누워 있다)'라고 부르는 이유는 이 고사에서 연유한 것이다. 사위를 고르는 치감의 안목이 비록 독특하긴 하지만, 그는 역사에 길이 남을 인물을 사위로 선택했다.

동쪽 침상에서 배를 드러내 놓고 눕는 것으로 장인의 마음을 사로잡는 방법은 아마 자연스러움을 숭상한 동진 시대였기에 가능했을 것이다. '동상쾌서'라는 고사는 후대를 살고 있는 우리에게 한 가지 도리를 일깨워준다. 사람을 사귈 때는 반드시 주된 것과 부차적인 것을 구별하고, 자신만의 독특한 이미지를 가져야 한다는 점이다. 배경이 아닌 자신의 능력으로 사회에서 우뚝 설 수 있어야만 비로소 반딧불이처럼 자신을 빛나게 할 수 있다.

간혹 이미지 관리 없이도 빛나는 사람이 있는데, 그 대표적인 인물이 반안이다. 반안은 위진 시대 사람으로 그가 매일 수레를 타고 밖을 나갈 때 동네의 여자들이 그에게 과일을 던져 사랑을 표시했다. 따라서 그는 매번 빈 수레로 가서 수레 한 가득 과일을 싣고 돌아왔다. 우리가 그처럼 잘생겼다면 이미지 관리는 비교적 간단했을 것이다. 태어난 모습 그대로만 보여도 모든 사람 특히 여성의 흠모를 한몸에 받게 되니 말이다. 그러나 반안과 같은 매력은 우리가 원한다고 해서 얻어지는 것이 아니다. 우리는 현재 구비한 조건을 바탕으로 모든 사람들에게 환영받을 수 있는 이미지를 만들어야 한다.

먼저 자신이 구비한 조건부터 살펴보자. 외모는 선천적인 것으로 어떤 사람은 아름답게 또 어떤 사람은 추한 모습으로 태어난다. 아름다움을 추종하는 사람의 입장에서는 태어나는 그 순간부터 자신 앞에 큰 장애가 놓여 있는 셈이다. 이런 사람은 불공평하다고 하소연하지만 사실은 그렇지 않다. 누구나 결점과 동시에 장점을 가지고 태어나기 때문이다. 비록 달이 숨고 꽃이 부끄러워할 만한 미모를 가지지는 못했지만 날씬한 몸매를 물려받을 수 있다.

타고난 아름다움도 후천적으로 가꾸고 배양해야만 빛나는 것이다. 우리가 가진 문제는 천성적인 아름다움을 물려받지 못한 것이 아니라 아직 자신의 아름다움을 발견하지 못하는 점이다. 홍콩의 유명한 연예인 린이리엔은 비록 눈이 작고 옅은 눈썹을 가지고 있지만 큰 눈을 가진 미녀들이 많은 홍콩 연예계에서 가장 매력적인 여자 연예인으로 인정받고 있다. 그녀는 다른 사람과 달리 자신의 신체적인 약점을 숨기지 않고 오히려 눈 주위를 더욱 돋보이게 화장을 한다. 작은 눈은 그녀가 가진 독특한 함축미와 몽롱한 이미지를 가장 잘 표현해 주는 훌륭한 도구이다.

누구나 자신만의 장점과 기질을 가지고 태어난다. 문제는 이것을 충분히 발굴하고 개발하는 것인데, 과학적 이미지 설계와 관리가 필요한 이유가 여기에 있다.

이미지 관리의 진정한 비결은 사람들에게 자신의 가장 좋은 면을 보여주는 것이다. 성공한 사람은 장소에 상관없이 항상 일관된 자신만의 개성을 표출한다. 그들은 자연스럽게 진정한 자아를 드러내며, 심신을 다해 다른 사람과 교류한다. 그들의 음조와 자태는 늘 그들이 표명하는 것과 잘 어울리며 혼연 일체된 느낌을 준다. 이미지 관리를 위해서는 또한 자신만의 독특한 이미지를 구축하는 것이 필요하다. 어떤 분야 어떤 장소에서든 자신만의 브랜드로 사회에서 우뚝 설 수 있어야 한다.

행동을 할 때도 다른 사람과 다른 독특한 점을 지녀야 한다. 의식적으로 보통 사람과는 조금 다른 행동을 하여 좀 더 강한 인상을 타인에게 남겨줄 수 있어야 한다. 사람들은 대부분 타인의 주목을 끄는 것을 두려워하여 오히려 남과 다른 행동을 하지 않으려고 한다. 그러나 자신의 이미지를 각인시키려면 자신만의 독특한 스타일을 만들어 자연스럽게 다른 사람의 주목을 끌 수 있어야 한다. 다음은 참고할 만한 몇 가지 실천 방법을 소개한 것이다.

- 다른 사람들이 바쁘게 회의장에 들어선다면 문 앞에서 잠시 대기한다.
- 다른 사람이 사회자에게서 가능한 멀리 떨어져 있으려고 할 때, 사회자와 가장 가까운 자리에 앉는다.
- 다른 사람이 몸을 숙이고 책상에 엎드려 강의를 들을 때, 어깨를 펴고 의자에 기대어 강의를 듣는다.
- 다른 사람이 낮은 목소리로 앉아서 질문할 때, 큰소리로 일어나 질문한다.

VIP의 열정과 에너지

열정적이고 유쾌한 사람은 다른 사람들로부터 환영을 받는다. 그러나 의기소침한 사람은 친구를 사귀기도 쉽지 않으며 오히려 다른 사람들이 꺼려하기도 한다.

VIP로서 갖추어야 할 첫 번째 이미지 요소는 왕성한 정력과 끊임없이 샘솟는 열정이다. 열정이 충만한 사람의 일거수일투족은 매력으로 넘쳐나며 주위 사람들까지 유쾌하게 만든다. 열정적인 사람은 온몸에 금은보화를 걸친 듯 더욱 돋보이며 타인과 좋은 인간관계를 맺을 수 있다. 활동적이고 긍정적인 사고를 보유한 사람은 낙관적이고 진취적이며, 생활이 충만하고 열정적이라는 인상을 준다. 그러나 며칠 굶은 사람처럼 피곤한 기색이 역력하고, 긴장해서 손발이 제멋대로인 사람은 성숙되지 못하고 무언가에 집중하지 못하여, 존경받을 가치가 없다는 인상을 심어준다.

실험에 의하면, 사람의 이미지는 인성이 아닌 자신을 표현하는 방식에 영향을 받는다. 즉 표정, 태도, 대화하는 방식에 약간의 변화를 준다면 어두운 이미지도 금방 밝은 이미지로 바꿀 수 있다. 열정적이고 활기찬 사교생활을 하는 가장 좋은 방법은 바로 상상이다. 상대방을 처음 만났을 때 그를 오래된 친구 혹은 좋은 추억을 함께 나눈 사람이라고 상상하자. 상상을 통해 당신은 상대방을 친밀하게 대할 수 있다.

긴장감을 푸는 것은 열정적이고 명랑한 이미지를 꾸미는 관건이다. 모임에 참석한 사람들은 명확히 두 가지로 나뉘는데 우울한 사람이 아니면 자신감이 지나친 사람이다. 둘 다 긴장감을 충분히 풀지 않았기 때문에 나타나는 태도이다. 항상 자기 중심적으로 생각하는 사람은 절대 긴장감을 풀 수 없으며, 열정적으로 변할 수도 없다.

자신을 간단히 체크해 보자. 말할 때마다 빈번히 '나'로 시작하지 않는가? 항상 수다스럽게 불만을 털어놓지 않는가? 다른 사람이 새로운 의견을 말할 때 중간에 말을 가로채려고 시도하지 않는가? 앞의 세 가지 질문 가운데 '예'라는 답이 하나라도 존재한다면, 긴장감을 풀 필요가 있다. 긴장감을 풀지 않으면 우리는 가족, 친구 및 회사 동료에게 환영받지 못하는 사람이 될 것이다. 긴장감을 풀어야만 스트레스를 해소할 수 있고, 명랑한 기분을 유지할 수 있다.

정상적인 환경에서 사람들은 대부분 자연스럽게 행동한다. 하지만 일단 어떠한 압력에 직면하면 모든 마음의 준비가 일시에 무너져버린다. 화창한 봄날 오후 동료사원과 야외에서 회식을 하는 도중 갑자기 하늘에서 폭우가 내린다면 여전히 동료사원과 즐거운 기분을 유지할 수 있겠는가? 한 동료사원의 실수로 회사의 중요한 고객을 놓쳐버렸을 때도 웃으며 그의 어깨를 두드려줄 수 있겠는가?

우리가 열정적이며 명랑한 이미지를 창조하고 유지하기 위해서는 무엇보다도 자제심이 필요하다. 이성을 잃어버릴 만큼 심각한 상황일 때는 잠시 모든 일을 중단하고 심호흡을 해보자. 심호흡은 우리가 자제심을 가질 수 있도록 도와주며, 긴장을 풀고 이성적인 상태로 돌아올 수 있도록 해준다.

두 번 생각한 후에는 이치가 더욱 분명해진다

얄타 회담이 막바지에 이르렀을 때, 승리가 서서히 다가옴을 느낀 처칠은 기쁜 마음에 스탈린과 단독으로 인사말을 주고받았다. 회담장으로 출발하기 전, 처칠은 친밀감을 표시하기 위해 러시아어를 몇 마디 배워두었다. 처칠이 한참 러시아어로 무슨 말을 하였으나, 양쪽의 통역 모두 그의 말을 알아들을 수 없었다. 그때 스탈린이 소련 측 통역에게 눈길을 한번 주자 그는 즉시 스탈린의 의도를 알아채고 능통한 영어로 처칠에게 말했다. "수상 각하, 각하가 말씀하신 영어를 어떻게 제가 못 알아들을 수 있습니까?" 스탈린은 미소를 띤 채 얼굴을 붉히는 처칠을 바라보았다.

이 이야기는 전체 국면을 조종하려고 할 때 반드시 적당한 태도, 행동, 도구 등 이용할 수 있는 모든 수단을 동원하여 협상의 분위기를 자신에게 유리한 방향으로 이끌어야 한다는 사실을 알려주고 있다.

이미지 관리로 성숙하고 노련한 인상을 심어주려면 아래에 나온 몇 가지 사항을 참고하라.

첫째 천천히 미소 짓는다.

대화하기 전에 진심 어린 미소를 짓는다. 미소를 지음으로써 자신의 감정을 가다듬을 수 있다. 또한 급할 것이 없다는 인상을 심어주어 상대방의 마음을 가라앉히고 태도를 부드럽게 만든다. 상대방은 우리가 성숙한 태도로 말하며 마음이 깊다고 생각할 것이다. 미소는 아름다운 것이다. 하지만 거짓 미소는 상대방을 처다보지 않고 말하는 것처럼 사람의 기분을 불쾌하게 만든다.

사교술이 뛰어난 사람은 어떻게 하면 자신의 미소를 더욱 풍부하고, 영향력 있게 만들 수 있는지를 알고 있다. 미소 역시 기교가 필요하다. 성숙한 이미지를 표현하기 위해서는 천천히 미소 지을 필요가 있다. 가볍게 웃는 표정을 지은 후 그 미소를 얼굴 전체로 천천히 확장시켜야 한다. 천천히 미소 짓는 것만으로 성숙하고 노련한 이미지를 표현할 수 있다는 사실이 이해가 되지 않을 수도 있다. 하지만 그것이야말로 대인관계에 성공하는 비결 가운데 하나이다.

인사를 나눌 때 즉시 미소를 짓는다면 상대방은 당신이 습관적으로 미소를 짓는다고 여겨 별다른 의미를 두지 않는다. 먼저 상대방을 1초 정도 주시한 다음 상대방의 얼굴을 머릿속에 입력한 후 크고 온화한 미소를 짓는데, 그 미소가 얼굴 전체로 퍼지게 해야 한다. 이때 눈웃음까지 짓는 것이 좋다. 비록 1초 정도의 짧은 순간이지만 이런 미소를 접했을 때 상대방은 특별 대우를 받았다고 느끼게 된다.

둘째 고개를 똑바로 들고 자세를 반듯하게 한다.

머리를 똑바로 드는 것은 자신감과 자제력의 표상이므로 상대방에게 성공한 사람이라는 이미지를 심어준다. 또한 내가 상대방을 주목했다는 느낌을 준다. 대화할 때는 한두 번씩 머리를 끄덕여 상대방의 말을 주의 깊게 듣고 있다는 것을 표시한다. 수시로 머리를 끄덕이는 태도는 정숙하지 못해 보이며 무작정 상대방의 기분을 맞추려 한다는 인상을 남기기 쉽다.

상대방과 시선이 마주치는 것을 피하지 말아야 한다. 시선을 마주침으로써 두려움이 없으며 정신이 충만하고 활력으로 가득 차 있다는 것을 보여줄 수 있다. 시선을 옮길 때도 땅을 쳐다보거나 눈빛을 이리저리 돌리지 않아야 한다. 이런 행동은 안정감이 없어 보인다.

셋째 쓸데없는 행동은 자제한다.

군사 훈련에서 중요하게 여기는 것 중 하나가 바로 쓸데없는 행동을 통제하는 것이다. 이것은 교제활동에서도 마찬가지다. 자신의 기질이 범상치 않고 당당하다는 것을 나타내기 위해서는 행동이 자연스럽고 엄숙하며 무게가 있어야 한다. 타인의 작은 실수, 주위 사람의 격렬한 반응에 주의를 기울이지 않거나 쓸데없는 행동을 삼간다. 상대방이 작은 실례를 범하거나 생리적인 현상을 일으켜 주위 분위기를 난처하게 만들 경우, 가능한 한 빨리 원래의 분위기로 돌아올 수 있도록 노력해야 한다. 상대방의 실수에 어리둥절해하거나 "무슨 일이세요?"라고 질문하지 않는다. 아무 일도 일어나지 않은 것처럼 행동하여 가능한 한 빨리 유쾌하고 가벼운 분위기로 바꾼다.

넷째 여유를 두면서 의식적으로 말의 리듬을 제어한다.

대화 도중 잠시 말을 중단하는 것은 문제에 대해 깊이 생각하고 있음을 표현하는 것이다. 또한 이를 통해 교제의 리듬을 제어하여 성숙하고 노련한 이미지를 준다. 율리시스는 "두 번 생각한 후에는 이치가 더욱 분명해진다"고 말했다. 사람들은 대부분 질문에 대답할 때 뜸을 들이면 다른 사람에게 '바보' 같다는 인상을 심어줄까 봐 두려워한다. 대화하는 도중에 잠시 쉬는 그 간격을 메우기 위해 어떤 사람은 쉬지 않고 이것저것 생각하고, 아무 주제나 끄집어내 정신을 더욱 산란하게 한다. 대화를 나눌 때 잠깐의 공백은 더욱 침착하고 열정적이며, 성숙한 사람이라는 이미지를 만들어준다.

디오니소스는 "당신이 하는 말이 침묵보다 더 무게가 나갈 경우를 제외하고는 침묵을 지켜라"고 말했으며, 페리클레스는 "사고할 수 있지만 표현하지 못하는 사람은 사고하지 못하는 사람과 별 차이 없다"는 명언을 남겼다. 사람들을 대할 때는 이 말을 깊이 염두에 둔다.

세치혀로 사람의 마음을 움직이는 법 2

미언(美言)은 다른 사람의 존중을 받을 수 있으며,
아름다운 행실은 다른 사람을 감화시킬 수 있다

세치혀로 천하를 얻은 진시황

사전적 의미로 '인간'이란 '도구를 사용하고 언어를 구사하는 고등동물'을 뜻한다. 이 말은 인간의 두 가지 본질적인 특징을 나타낸다. 즉 언어를 사용할 수 있기 때문에 사람은 도구를 제작하여 자연을 개조할 수 있다는 것이다. 이렇듯 언어는 인간의 생존과 발전에 중요한 역할을 한다.

사회활동에서 말을 잘하지 못해 침묵으로 일관하는 사람은 다른 사람의 주의를 끌기 어렵기 때문에 자신을 발전시킬 기회를 쉽게 얻지 못한다. 우리는 대화로 그 사람의 상식이 풍부한지 또는 빈약한지, 기본적인 교양을 갖추고 있는지를 판단할 수 있다.

중국의 유명한 사상가 노자는 언어의 올바른 사용을 강조했는데, 노자는 "미언(美言)은 다른 사람의 존중을 받을 수 있으며, 아름다운 행실은 다른 사람을 감화할 수 있다"라고 했다. 또한 공자는 "정(鄭)나라가 스스로 진(晉)나라를 신하의 예의로 섬기는 것은 언변과 문재가 뛰어난 자산이 없었더라면 불가능했을 것이다. '어떻게 하면 말을 잘할 것인가?'는 심혈을 기울여 연구해 볼 만하다"라고 말했다.

현대사회에서 우리는 직접 대면하여 문제를 해결하기보다는 통신수단을 이용하여 해결하는 경우가 더 빈번하다. 하지만 아직 많은 사람들이 언어로 자신을 표현하는 법에 익숙하지 않은 것 같다. "뛰어난 말재주가 돈을 부른다"라는 통속적인 표현도 있다. 언어를 잘 구사할 수 있다면 돈을 지불하지 않고도 원하는 것을 얻을 수 있으며, 판매를 촉진할 수도, 부자가 될 수도 있다. 심지어 전쟁을 하지 않고 앉아서 승리를 얻을 수도 있다.

중국의 전국시대 인물인 소진과 장의는 세치의 혀로 종횡가(縱橫家, 중국 전국시대의 제자백가 중 정치적 책략으로써 당시 국제외교상에서 활약한 유세객들—옮긴이)의 대가 자리에 올랐으며 후일 진시황은 연횡의 책(連橫策, 전국시대 장의가 주장했던 외교이론으로 여섯 나라가 횡으로 연합하여 진나라를 섬기자는 전략이다. 소진의 합종설(合從說)과 반대되는 개념으로 합종연횡(合從連橫)이란 말도 여기에서 유래한다—옮긴이)을 이용해 최초로 중국을 통일한 황제가 되었다. 지금까지도 두 사람은 말 한마디로 나라를 흥하게도 망하게도 할 수 있는 세객(說客, 유창한 말솜씨로 유세하며 다니는 사람)의 시조로 불리고 있다.

형체가 있는 도검의 경우 그 사용 방법에 따라 대처 방안을 구할 수 있지만, 무형의 도검인 언어는 바람과 같아서 가지 못하는 곳이 없으며 살상력과 침투력은 도검보다 훨씬 강력하다. 예로 삼국시대 유비가 조조에게 대패하여 막다른 골목에 몰렸을 때, 제갈량은 홀로 오나라로 건너가 오의 명장 및 참모와 설전을 벌여 돈 한 푼 들이지 않고 동맹국으로 삼았으며, 삼국정립의 기틀을 마련했다. 또한 제갈량은 전쟁터에서 단 몇 마디 말로 대사도(교육을 담당한 관직) 왕랑을 화병으로 죽게 했다. 이렇듯 말은 어떻게 사용하는가에 따라 피 한 방울 내지 않고 사람을 죽일 수도 있다.

사회에 첫발을 내딛는 젊은이에게 사교는 생활의 중요한 일부분이 된다. 사회인이 되면 비즈니스 활동은 물론 사람과의 교제가 늘어남에 따라 자신을 마케팅할 수 있는 언어능력 또한 나날이 중요해진다. 말재주는 하나의 예술이라고 할 수 있다. 상황에 따라 적합하게 말하는 능력은 정신수양의 깊이를 나타낼 뿐만 아니라 상대방의 마음을 움직여 의견을 수용하게 만든다. 우리는 대화로 상대방의 의도를 파악하고 이해를 증진시켜 우애를 쌓을 수 있다.

사회활동에서 우리가 침착하고 태연하게 자신의 의견을 밝히고, 조리 있고 간결하며 생동감 있게 자신의 사상과 감정을 표현할 수 있다면 자신만의 기질과 풍모를 다른 사람에게 알릴 수 있을 것이다. 말은 누구나 할 수 있다. 그래서 말하는 방법은 하나의 심오한 학문이다. 또한 사람의 심금을 울리는 말 한마디는 사람의 감정을 통제할 수 있는 마력을 가지고 있다. 말 한마디로 주위의 분위기를 가볍게 또는 무겁게 할 수 있다면 세치혀로 우리가 얻지 못할 것은 거의 없다.

말재주는 인간의 생활과 가장 밀접하게 관련되어 있으며 우리가 보편적으로 사용하고 있지만 가장 얻기 힘든 기술 가운데 하나이다. 우리가 열심히 공부하여 부자가 되는 법을 터득했어도 말재주가 없어 다른 사람과의 교류가 원만하지 못하다면 의식하지 못하는 사이에 자신의 장점을 최대한 발휘할 수 있는 공간은 점점 축소된다.

심리를 움직이는 힘

일상생활에서 말을 잘하는 것이 반드시 장점으로 작용하는 것은 아니지만, 마케팅에서 뛰어난 언변술은 매우 귀중한 능력이다. 인간적인 교류는 넓게 보면 일종의 마케팅 활동이라고 할 수 있다. 언어는 다른 사람과 소통할 수 있는 매개체로 작용한다. 언어로 시작된 마케팅 활동은 지속적인 교류를 통해 발전하고, 최종적으로 우리가 원하는 결과를 얻을 수 있게 한다. 대화는 마케팅 활동의 시작으로, 대화의 출발이 좋고 나쁨은 마케팅의 성패에 직접적인 영향을 미친다. 다음의 일화로 이 같은 사실을 더 깊이 이해할 수 있을 것이다.

1900년대 초 박사학위를 획득한 후 다른 논문을 준비하던 독일의 여수학자가 있었다. 그 시기 교수회의에서는 그녀의 대학 강사 자격에 관한 논의가 이루어지고 있었다. 당시 유명한 수학자 힐베르트는 그녀의 재능을 아껴 도처를 다니며 그녀가 그 대학교 최초의 여강사가 될 수 있도록 힘썼다. 하지만 교수회의에서 한 교수가 흥분된 어조로 반대 의견을 피력했다.

"어떻게 여자가 강사가 될 수 있습니까? 그녀가 강사가 된다면 그 이후 교수도 될 수 있으며, 또 대학 평의회에 진출할 수도 있지 않겠습니까. 노대체 여자가 대학교 최고의 학술기구에 진출한다는 것이 말이 된다고 생각하십니까?"

다른 교수들도 이에 동의하며 "우리의 전사가 전쟁터에서 학교로 돌아왔을 때 자신이 여자 밑에서 공부해야 하는 상황을 보고 무슨 생각을 하겠습니까?"라고 덧붙였다.

이 말을 듣고 힐베르트는 일어나 앞서 두 교수의 말에 반박했다.

"여러분 여자라는 이유가 강사가 될 수 없는 조건이 될 수는 없습니다. 대학 평의회는 목욕탕이 아니지 않습니까?"

상황에 맞는 말은 일반적으로 다른 사람과의 사고의 거리를 좁혀 최종적으로 교류의 의의를 달성하게 한다.

언어 교제는 심리적 접촉을 바탕으로 하는 교류이다. 따라서 언어 교제에 가장 큰 영향을 미치는 것이 바로 심리적 요소이다. 다른 사람과 대화할 때 반드시 자신의 말이 상대방의 심리 상태에 부합하는지 파악해야 하며, 심리적 장애로 야기되는 서로간의 간격을 최대한 줄여야 한다. 이것은 어떤 사물을 받아들일 때 심리적으로 먼저 받아들인 후에야 비로소 다음 단계로 나아갈 수 있기 때문이다.

상점에서 화가 난 소비자가 신발에 관해 불만을 제기하고 있었다. 그때 마침 판매현황을 파악하던 책임자가 소비자의 불만을 듣고, 그 즉시 "제가 그런 신발을 구매했더라도 당신처럼 화가 났을 거예요"라고 한마디 한다면 그 소비자는 어느 정도 마음이 진정되어 환불을 요구하려던 원래의 계획에서 교환하는 것으로 만족할 것이다.

유머, 한마디의 광고 효과

언어 교제의 예술성은 유머라는 코드에서도 잘 나타난다. 영국의 사상가 베이컨은 "말을 잘하는 사람은 반드시 유머에 능하다"라고 했다. 유머의 매력은 비록 명확하고 의견을 직접적으로 나타내지는 않지만 말하고자 하는 의도를 우회적으로 표현하여 깊이 깨닫게 한다는 점이다.

제2차 세계대전이 끝난 후 영국의 수상 처칠이 미국을 방문했을 때의 일이다. 기자들이 미국의 이미지를 물어보았을 때 처칠은 "신문은 너무 두껍고 화장실 휴지는 너무 얇군요"라고 대답하여 웃음을 자아냈다. 하지만 한바탕 웃고 난 후 사람들은 그 말이 지극히 풍자적이라는 것을 깨닫게 되었다.

마케팅 활동을 하다 보면 직접적인 말보다는 우회적이며 익살스러운 말이 더 효과적일 때가 있다. 한 영업사원이 시장에서 살충제를 팔고 있었다. 그는 뛰어난 말솜씨로 고객을 끌어 모았는데, 갑자기 한 고객이 그에게 "이 살충제로 모든 모기를 잡을 수 있다고 보장할 수 있습니까?"라고 물어보자, 영업사원은 "보장 못 합니다. 손님이 살충제를 뿌리지 않은 곳은 모기가 여전히 날아다닐 겁니다"라고 대답했다. 이 한마디로 고객들은 기쁜 마음으로 물건을 사게 되었고, 몇 상자의 살충제가 금세 다 팔렸다.

유머를 잘 활용하면 가볍고 밝은 분위기를 만들 수 있을 뿐만 아니라, 마케팅 활동을 위한 좋은 환경을 마련할 수도 있다. 유머러스한 언어는 그 자체로 예술성 있는 광고 멘트와 같다. 소비자에게 깊은 인상을 심어줄 수 있을 뿐 아니라 한마디의 유머로 브랜드를 연상시켜 판매를 촉진할 수도 있기 때문이다.

영업사원은 간결하고 명확한 언어를 사용하여 최대한 많은 정보를 소비자에게 전달할 수 있어야 한다. 비즈니스 상담이든 상품 판촉 활동이든 말하고자 하는 요점을 상대방이 쉽게 기억하고 이해해야 한다. 우리가 장황하고 반복적이며, 내용 없는 말을 한다면 상대방은 우리가 무슨 말을 하는지 감을 잡을 수 없을 것이다. 의사소통 하는 데 평소보다 많은 시간이 소요되어 상대방의 반감을 불러일으킬 수도 있다. 간결하고 명확한 말은 소비자와의 교제에서뿐만 아니라 판매사원의 업무 숙련도, 직업의식, 성실성, 신뢰도를 객관적으로 반영하는 기준으로도 사용될 수 있다.

물론 이외에도 소비자와 교제하는 데 있어 주의해야 할 항목이 많다. 몇 가지 예를 들면 예의 있게 말하고, 저속한 언어를 사용하지 않으며 객관적으로 말해야 한다. 상황에 따라 '화언교어(花言巧語, 듣기 좋게 꾸민 교묘한 말을 뜻하는 사자성어-옮긴이)'를 사용해도 무방하지만 정도가 지나쳐서는 안 된다.

목소리는 명함이다

연예인의 매력적인 음성은 연예계에서 성공할 수 있는 밑바탕이 된다. 유명인물의 이름을 떠올렸을 때 자연스럽게 그들의 음성이 머릿속에 연상된다. 특히 성우들은 그들만의 독특한 음색과 개성이 있어, 목소리는 그들을 대표하는 심벌로 각인된다. 한 연구소의 연구결과에 의하면, 사람의 이미지에서 음성이 차지하는 비중은 38%로 나타났으며, 말투와 행동은 55%로 나타났다. 하지만 말의 내용은 단 7%밖에 되지 않았다.

옛 사람은 흔히 음성을 총체적으로 '기(氣)를 듣는다'라고 여겼다. 음성을 하나의 실체로 인식한 것이다. 음과 양의 기운이 물질을 생산하고 물질은 음성을 생산한다고 생각했다. 음성은 강유청탁(剛柔淸濁, 강하고 부드러우며 맑고 탁한 것-옮긴이)이 있다고 생각했다. 음성을 듣고 그 소리를 발하는 물체의 기질을 체험과 관찰로 알 수 있다. 한 걸음 더 나아가 그 소리가 발생한 원인을 규명함으로써 마음 상태를 어느 정도 유추할 수 있다. 즉 사람의 음성으로 그 사람의 인격과 심리 상태를 알 수 있는 것이다.

'기를 듣는다'라는 말의 기본 요점은 '각자의 마음은 실제적인 것으로 반드시 밖으로 표현될 수 있다'는 것이다. 성격이 투박하고 거친 사람의 음성은 일반적으로 무겁고 산만하며, 성격이 세밀하고 신중한 사람의 음성은 평온하고 절제되어 있다. 성격이 속되고 인정과 도리에 맞지 않는 행동을 하는 사람의 음성은 쉰 목소리에 투박하며, 성격이 부드럽고 마음이 넓은 사람의 음성은 풍부하고 윤택하다. 또한 신용을 중히 여기는 사람은 겸손하고 부드럽다. 의리를 중히 여기는 사람은 침착하며, 조급해하거나 당황하지 않는다. 화목하고 침착함을 중히 여기는 사람은 소박하고 고집스럽지 않다. 용기를 중히 여기는 사람은 웅장하고 기묘(奇妙)하다.

송원공이 노나라의 대부(옛날 관직 이름)를 접대할 때의 일이다. 연회는 즐거운 분위기 속에서 시작되었다. 하지만 연회가 끝날 무렵 두 사람은 갑자기 목이 쉴 정도로 감정이 격해졌다. 당시 옆에 있던 한 문사가 이 광경을 보고 다른 사람에게 "송원공과 노나라 대부 모두 올해를 넘기지 못할 것 같습니다. 제가 듣기로 슬퍼해야 할 때 즐거워하고, 즐거워해야 할 때 슬퍼하는 것은 자신의 의지를 상실한 징조입니다. 유쾌하고 시원시원한 의지가 영혼인데, 지금 보니 그 두 사람은 영혼이 없는 것 같습니다. 상황이 이와 같은데 어떻게 장수할 수 있겠습니까?"라고 말하였다. 그리고 그해 두 사람은 연이어 세상을 떠났다.

하지만 자신의 외모, 태도, 목소리가 좋다고 해서 함부로 말해서는 안 된다. 특히 비즈니스와 정치계에서는 자신이 말하고자 하는 내용을 상대방이 충분히 이해할 수 있도록 표현해야 한다. 그렇지 못할 경우 다른 사람으로부터 인정받기 어렵다.

표현 방식 역시 중요하다. 자신의 관점을 명확히 표현할 수 없다면, 어떤 영역에서도 성공하기 어렵다. 자신의 생각을 간결하고 명확하게 전달하기 위해서는 대화 주제를 철저히 연구해야 한다. 또한 이해하기 쉬운 단어를 사용한다면 상대방은 우리가 전달하고자 하는 의도를 쉽게 파악할 수 있을 것이다. 반대로 자신의 의도를 완전히 표현하지 못한다면 상대방은 당신이 말하고자 하는 내용을 명확하게 이해하지 못한다. 그렇게 되면 서로간의 교류는 답보 상태에 머물게 된다.

우아하고 감동을 자아내는 목소리는 설득력을 높이며 다른 사람의 주의력을 끈다. 그러나 귀에 거슬리는 목소리는 이제까지 여러분이 힘들게 쌓아온 좋은 이미지를 한순간에 무너뜨릴 수도 있다. 목소리를 보이지 않는 명함이라 부르는 이유가 여기에 있다.

하지만 아름다운 목소리를 가지고 태어나지 못한 것에 실망하지 말자. 왜냐하면 이것이 우리에게 좋은 기회로 작용할 수 있기 때문이다. 우리의 음성은 일반적으로 생활상의 여러 가지 요인(성장 환경, 태어난 지역, 주위의 인간관계 등)에 영향을 받는다. 자신의 목소리가 만족스럽지 않다면 약간의 노력으로 충분히 개선할 수 있다. 먼저 자신의 목소리가 어떤지 가족 및 주위의 친구에게 물어보자. 목소리가 좋다고 대답한다면 어떤 부분이 좋은지, 좋지 않다고 대답한다면 왜 그런지 물어보자. 상대방이 조금 막연한 표정을 짓거나 어떻게 대답할지 모를 경우, 그들이 이상형으로 생각하는 음성(맑고 분명한 음성, 힘이 있고 유려한 음성, 꾸밈없이 자연스러운 음성, 평온한 음성 등)을 생각해 보게 하고 그 가운데 여러분이 이미 구비한 요소와 그렇지 않은 요소를 알아본다.

음성을 개선하는 방법 가운데 하나는 큰 소리로 낭독하는 것이다. 가능한 한 자신의 음조를 높게 잡고 낭독하는 속도를 조절한다. 가능한 한 청중 앞에서 연습하는 것이 좋은데, 그렇지 못한 경우 바로 앞에 청중이 있다고 상상하면서 낭독해 보자. 청중 가운데 가장 이상적인 부류는 어린아이들이다. 아이의 주의력을 집중시킬 수 있다면 성공한 것이나 마찬가지다. 낭독할 때 아이들이 좌불안석하고 산만한 태도를 보인다면 더 많은 노력을 기울여야 한다는 의미이다.

낭독한 후 목소리가 듣기 좋은지 또는 듣기 싫은지를 물어보고 그렇게 대답한 이유를 알아보자. 음성을 개선하는 또 다른 방법은 자신의 음성을 녹음해 보는 것이다. 강연회에 초대되어 3분 정도 즉흥 연설을 한다고 가정하거나 최근 읽은 책에 대한 감상을 발표한다고 상상하면서 자신의 말을 녹음해 본다. 녹음 후 그 내용을 반복하여 들어보고 다시 녹음하여 앞의 것과 비교해 본다. 이런 과정을 거쳐 자신의 목소리를 어떻게 개선해야 할지를 알 수 있다.

위의 두 가지 방법을 반복한 후에도 여전히 자신의 음성에 만족하지 못한다면, 언어병리학자와 전문가를 방문할 필요가 있다. 끝으로 음성을 개선하는 일은 적지 않은 노력과 시간이 소비된다. 절대 중도에 포기하지는 말자. 왜냐하면 우리 이미지의 38%를 결정하는 것이 바로 목소리이기 때문이다.

빠른 것보다 느린 것이 낫다

몇 가지 방법으로 자신의 음성을 어느 정도 개선할 수는 있지만 여전히 만족스럽지는 않을 것이다. 그 이유는 몇 가지 훈련이 더 필요하기 때문이다. 공식적인 장소에서 무언가를 발표하기 전에 사람들은 종종 불안감을 느끼게 되며, 이런 불안감은 긴장감을 가중시킨다. 긴장감은 목소리에 직접적인 영향을 미쳐 발표력을 떨어뜨린다. 긴장감을 조절하지 못하면 사람들을 자연스럽게 사귀기 힘들다. 자신의 목소리를 최대한 매력적으로 만들기 위해서는 반드시 긴장감을 통제해야 한다. 그렇다면 긴장감을 완화하는 몇 가지 방법을 알아보자.

첫째 간단한 운동으로 몸과 마음을 느슨하게 한다.

연설을 하기 전 저녁 또는 당일 아침에 달리기, 수영, 자전거 타기와 같이 몸과 마음을 느슨하게 할 수 있는 유산소 운동을 한다. 운동하기 전에 가벼운 마음으로 빨리 걷기 또는 건물 한 바퀴 돌기와 같은 준비 동작은 필수이다. 가벼운 운동은 이산화탄소를 몸 밖으로 방출하여 근육의 긴장감을 완화한다. 그러나 지나친 운동은 반대로 긴장감을 더욱 촉진할 수 있으므로 피해야 한다.

둘째 깊게 호흡한다.

간혹 강연회에 초대되어 무대에 들어섰을 때 갑자기 호흡 곤란을 느껴 한마디도 내뱉지 못한 경험을 한 적이 있을 것이다. 사실 정상적인 호흡조차 쉽지 않은 상태라면 그 연설의 성과는 더 말할 필요도 없다. 호흡은 혈관 내 산소의 양을 결정하며, 산소는 혈관을 따라 대뇌로 이동한다. 가장 좋은 호흡 방법은 산소를 보관하고 있다가 말과 함께 배출하는 것이다. 그러면 호흡을 자연스럽게 유지할 수 있다. 하지만 인체공학적으로 사람은 산소를 보관할 수 없으므로 이 방법은 단지 우리의 희망에 불과하다. 따라서 그 대안으로 떠오른 것이 '심호흡'이다.

긴장할 때는 호흡이 갑자기 약해져서 폐가 제대로 활동하지 못하므로 체력이 급격히 약화된다. 말을 할 때는 심호흡을 할 수 없기 때문에 숨을 쉬기 위해 말을 하는 중간중간에 숨을 들이마시고 내뱉게 된다. 그러면 청중들은 말이 연결되지 않고 끊어진다는 느낌을 받게 된다. 호흡이 자연스럽지 못하다 보면 심할 경우 숨도 제대로 쉬지 못하는 상태가 되고, 음성이 너무 높아져서 찢어지는 듯한 소리를 내게 된다.

그러면 올바른 호흡법이란 어떤 것일까?

첫째 말하기 전에 두 발을 몸과 평행이 되게 한다.

동시에 성대, 근육, 폐가 가장 편안하게 활동할 수 있도록 자세를 조정한다. 이런 상태에서 심호흡으로 폐 곳곳에 산소가 가득 차게 한다. 또한 폐의 밑부분에서 중간 부분으로 산소를 확산시켜 최종적으로 폐의 상층부로 산소를 이동시킨다. 풍만하고 윤택한 소리는 산소가 가슴 속으로 들어올 때 기류와 성대가 부딪쳐 나타난다.

말을 할 때는 최대한 호흡을 균일하게 유지한다. 말하기 전에 충분히 호흡하면 목소리를 조금 가라앉힐 수 있어 쉽게 통제할 수 있다. 질문에는 호흡을 가다듬은 후에 대답한다. 질문을 받고 난 후 약간의 시간이 주어지는데, 그 순간 잠시 호흡한 후 대답하는 것이 좋다.

둘째 목청을 보호하고 개선한다.

말하는 도중에 목이 쉬면 자연히 긴장하게 되고, 긴장감은 목청을 더욱 자극한다. 목청을 보호하려면 우선 뜨거운 국 종류와 자극적인 음료수를 피해야 한다. 즉 차, 커피(특히 밀크커피), 탄산음료와 차가운 음료는 마시지 않는 것이 좋다. 대신 적당한 온도의 레몬주스와 따뜻한 물은 성대를 매끄럽게 하고 목청을 보호하는 작용을 한다.

중요한 강연을 하거나 장시간 이야기를 나눌 때는 물 한 잔을 준비한다. 목청이 건조해 탁한 소리가 날 때 마침 주위에 마실 음료가 준비되어 있지 않다면, 예의에 어긋나지 않는 범위 안에서 양해를 구하고 강연을 잠시 중단한다. 그리고 목을 축인다. 그러면 일시적으로 위기에서 벗어날 수 있을 것이다.

태도가 절반을 차지한다

말하는 태도 그 자체가 말재주의 필수 항목은 아니다. 그러나 속마음을 외부로 표현하는 방법으로써 사람의 마음을 움직이는 중요한 요소이다. 말하는 태도는 어떤 정해진 기준을 설정해 훈련할 수 있는 것이 아니다. 말하는 태도는 비교적 변화가 많은데, 그 가운데 특히 얼굴 표정이 그러하다. 대화가 절정에 치달았을 때, 몸 전체로 감정을 표현한다면 상대방은 말하는 사람의 열정을 느끼게 될 것이다. 하지만 이런 동작도 자연스럽고 순발력 있게 해야 한다.

앉는 자세는 청중과 마주 보는 것이 가장 이상적이다. 하지만 청중의 수가 많을 때는 청중이 위치한 중앙을 택해서 청중들이 자신의 얼굴을 정확히 볼 수 있도록 하는 것이 좋다. 또한 자리에 앉을 때 자세를 자연스럽고 단정하게 유지한다. 의자에 기대어 앉거나 다리를 꼬거나 또는 손을 의자에 걸치는 자세는 좋지 않다.

가끔 청중 앞에서 발표할 때 두 손을 어디에 두어야 할지 모를 때가 있다. 보통은 자연스럽게 어깨 아래로 내려놓으면 된다. 두 손의 위치에 너무 신경 쓰다 보면, 오히려 발표에 집중하지 못하게 되어 정확히 의사를 전달할 수 없다. 두 손은 단지 감정을 자연스럽게 몰입하게끔 도와주는 도구일 뿐이다. 과장되게 두 손을 가슴 앞에 교차하거나, 탁자를 의도적으로 강하게 잡는 행위는 청중의 주의력을 산만하게 할 수 있다. 그러면 말하는 태도에 관해 몇 가지 주의 사항을 알아보자.

첫째 동작을 반복하지 않는다.

어떤 동작이든지 반복하여 사용하면 그 효과가 떨어진다. 또한 손동작을 사용할 때는 팔꿈치만 움직이지 말고 손 전체를 이용하여 감정을 표현한다. 팔꿈치만으로 손동작을 만들면 부자연스럽다는 인상을 준다.

둘째 동작을 너무 빨리 접지 않는다.

예를 들어 잘했다는 의미로 엄지를 내밀었을 때 그 상태를 어느 정도 지속시키는 것이 좋다. 엄지를 내밀자마자 다시 접는다면 우스꽝스럽게 보일 것이다. 처음에는 동작을 천천히 회수하는 것이 어색하게 느껴지더라도 반복하다 보면 자연스럽게 익숙해질 것이다.

셋째 동작과 자세가 청중의 주의력을 방해하지 않도록 하라.

과도한 동작 때문에 청중의 주의력이 산만해질 때가 있다. 말하는 태도 역시 대화의 기술이다. 말하는 태도란 말하는 그 자체이지 말하는 행동을 의미하는 것은 아니다. 다른 사람과 대화할 때는 자연스러운 것이 가장 좋다. 말을 자연스럽게 하는 방법 가운데 하나는 자신을 선생으로, 청중을 학생으로 생각하여 자신이 지금 수업을 하고 있다고 생각하는 것이다. 공포를 느낄 필요도 긴장할 필요도 없다. 자유로이 하고자 하는 말을 전하면 된다.

링컨처럼 말하라

미국의 제16대 대통령 링컨이 어렸을 적 일이다. 선생님이 그에게 "너는 어려운 문제 하나와 쉬운 문제 둘 중 어느 것을 택하겠느냐?"라고 물었다. 링컨은 "어려운 문제를 선택하겠어요"라고 대답했다. 그러자 선생님은 "그러면 계란은 어디서 나오지?"라고 물었다. 링컨은 즉시 "닭이 계란을 낳으니 닭에서 나와요"라고 대답했다. 선생님은 다시 "그러면 닭은 어디서 나오지?"라고 물었다. 링컨은 '닭이 계란을 낳고, 계란이 부화되어 닭이 된다'는 진부한 대답을 반복하고 싶지 않았다. 그래서 간결하게 "죄송하지만 이미 두 가지 질문을 하셨는데요"라고 대답했다. 그날 이후 선생님은 만나는 사람마다 링컨의 비범함을 칭찬했다.

옛 사람들은 '언어를 그 사람의 학문과 품행, 덕의 상징'에 비유했다. 풍부한 어휘로 자신의 생각을 표현할 수 있으며, 정확하고 간결하게 말을 끝맺을 수 있다면 우수한 마케팅력을 갖췄다고 할 수 있다. 다른 사람의 주의를 끌기 원한다면 반드시 상황에 맞는 적절한 언어를 구사할 수 있는 능력을 길러야 한다. 이런 능력은 수많은 청중들 앞에서 발표를 하거나 집안에서 친지 및 친구와 한담을 나눌 때도 필요하다.

이런 능력을 가지기 위해 명언이나 좋은 문장, 유명한 일화를 자주 읽을 필요가 있다. 다른 사람과 대화를 나누는 동안 부지불식중에 유명한 구절 하나를 말함으로써 상대방을 즐겁게 할 수도 있고 분위기를 밝게 이끌 수도 있다. 동일한 내용도 어떤 사람이 말하는가에 따라 그 효과는 매우 다르며, 그 차이는 얼마나 표현을 멋있게 하는가에 달려 있다. 우선 멋있게 말하는 법 몇 가지를 배워보자.

첫째 내용의 의미가 퇴색되지 않는 범위 내에서 간략하게 말한다.

학술발표회, 비즈니스 상담 혹은 일상적인 교류 등에서 말할 때 역시 분명한 핵심을 드러낸다. 또한 이 핵심을 기초로 말하고자 하는 의미를 간략하게 표현한다. 많은 사람이 진정한 말재주를 청산유수처럼 말하는 것 혹은 호언장담하는 것과 동일시하는 경향이 있다. 물론 특별한 상황에서는 그것들이 말재주로 인정되기도 한다. 하지만 우리가 흔히 부딪치는 일상적인 상황에서 청산유수와 같은 말재주는 오히려 반감을 일으키기 쉽다.

본론으로 바로 들어가기 전에 강연의 주제를 간단명료하게 소개하거나 한두 마디로 대체적인 윤곽과 방향을 제시한다면 청중은 심리적으로 준비할 수 있는 여유를 가지게 된다. 대화 중간에 명언, 사자성어, 시 구절을 인용한다면 자연스럽게 자신의 지식을 상대방에게 알릴 수 있다. 또한 상대방에게 성숙하고 노련하다는 이미지를 심어줄 수 있다. 하지만 '과함은 모자람만 못하다'는 속담처럼 명언, 사자성어도 적당히 사용해야 한다. 상대방의 주의를 끌 수 있는 몇 구절을 적당히 사용하여 말의 멋을 살릴 수 있어야 한다.

둘째 의미 없는 말을 반복하지 않는다.

어떤 사람은 말을 시작하기 전에 '저……' 또는 '음……' 등과 같이 불필요한 말을 습관처럼 사용한다. 그런 사람은 간단히 '예'라고 한 번 말하는 것이 아니라 습관적으로 '예, 예'라고 여러 번 반복해서 대답한다. 이런 습관은 상황에 따라 상대방의 기분을 상하게 할 수 있다.

셋째 동의어를 사용하는 습관을 기른다.

우리는 종종 그 단어의 뜻이 무엇인지는 깊이 생각하지 않고, 한 단어를 다양한 의미에 적용한다. '좋다'라는 말은 여러 가지 상황에서 사용할 수 있다. 예를 들어 '오늘 일하는 태도 정말 좋은데', '이 문장 정말 좋아', '오늘 날씨 정말 좋아', '오늘 몸이 정말 좋아', '오늘 물건 정말 좋은 가격에 팔았어' 등 만능열쇠처럼 거의 모든 상황에서 '좋다'라는 말을 즐겨 쓴다. 하지만 논리적 사고를 가진 사람과 대화할 때는 이런 말을 삼가는 것이 좋다. 같은 단어를 반복해서 사용하는 것은 자신의 무지를 드러내는 것과 같기 때문이다.

동의어 사전을 펼쳐서 자신이 가장 빈번하게 사용하는 말을 골라 그와 같은 의미를 가진 단어를 찾아보자. 매일 한 글자씩 새로운 단어를 배우고 활용한다면, 머지않아 세련되고 풍부한 어휘를 구사할 수 있을 것이다.

넷째 입버릇처럼 사용하는 말을 없앤다.

몇몇 청소년의 경우 상스러운 단어를 습관적으로 사용한다. 또한 또래 문화가 급격히 형성되어 기존의 언어와는 다른 체계를 가진 언어가 유행하고 있다. 또래 문화의 언어가 그 문화권 내에서는 자연스럽게 받아들여지지만 일단 그 영역을 벗어나면 통용되지 못한다. 다른 영역에 속한 사람과 대화를 나눌 때 또래 문화의 언어를 사용하면 의사소통이 원활하지 못하게 된다.

다섯째 상대방이 쉽게 이해할 수 있어야 한다.

극소수만이 이해하는 말을 자제해야 한다. 일상대화 중 전문용어나 기술용어를 사용하여 자신의 학식을 나타내고자 하는 사람이 있는데, 극소수만 이해할 수 있는 말을 사용해서는 자신이 전하고자 하는 의미를 명확하게 전달하기 어렵다. 또한 상대방에게는 말장난 하는 것으로 비쳐질 수도 있다. 우리가 대화 상대의 문화 수준을 잘 알지 못할 경우에는 단어를 신중하게 선택해야 한다. 상대방의 문화 수준과 외국어의 이해 정도를 잘 모르는 상태에서 외국어와 외래어를 빈번하게 사용하면 의도하지 않았더라도 상대방의 오해를 살 수 있으며, 심지어는 상대의 감정을 상하게 할 수도 있다.

교제의 탐조등을 켜자

대화를 나눌 때는 서로 정보를 교류할 수 있어야 한다. 본인의 생각을 말하는 한편 상대방의 반응도 주의 깊게 살펴야 한다. 즉 상대의 반응을 보면서 서로의 의견을 교환하고 행동해야 한다. 이것은 교제의 기본 도리이다. 어떤 형식의 교제든 대화는 양방면이며, 심지어 다방면일 경우도 있다.

효과적인 대화란 '말하는 것'이 아니라 '서로간의 교류'를 일컫는다. 자신의 말을 잘 표현해야 할 뿐만 아니라 상대방의 요구와 반응까지 살펴야 한다. 따라서 공식적인 자리에서 발표하는 것과 같이 미리 원고를 준비하여 낭독하는 것이 아니라 즉흥적으로 상황에 따라 대처하는 능력이 필요하다. 일상적인 교제는 정해진 스케줄에 따라 진행되는 것이 아니므로 상황이 수시로 변한다. 따라서 민첩한 사고 능력과 대처 능력, 폭넓은 상식, 말에 따른 논리적 근거와 데이터를 항상 확보하고 있어야 한다.

상대방의 반응도 살피지 않은 채 자신의 말만 실컷 내뱉은 후 상대방의 반응을 살핀다면 이미 늦은 것이다. 상대가 자신의 말에 흥미를 느끼는지 혹은 어떤 부문에 의문이 있는지 등을 틈틈이 살펴보아야 한다. 상대방이 의혹으로 가득 찼다면 자신이 한 말이 아무리 완벽해도 큰 효과를 기대하기 힘들다. 상대방은 무시를 당했다고 생각할 것이고, 더 이상 당신의 말에 귀를 기울이지 않을 것이다.

거대한 탐조등이 가운데 놓여 있다고 생각해 보자. 자신이 말할 때 탐조등은 자신을 향해 빛을 비추고, 다른 사람이 말할 때는 그를 향해 빛을 비춘다고 가정하자. 다른 사람이 끊임없이 말을 하면 자신은 거의 말을 하지 않게 되며, 탐조등이 자신을 비추는 시간이 짧아진다. 탐조등이 당신을 비추는 시간이 짧을수록 상대방은 더욱 당신에게 흥미를 느끼며 대화를 즐거워한다.

한 상점에 고객이 찾아왔을 때 영업사원이 즉시 고객에게 달려가 끊임없이 자사의 상품을 자랑하는 광경을 생각해 보자. 그 영업사원은 거대한 탐조등 아래에서 연설을 하는 것이지 교류를 하는 것은 아니다. 따라서 고객은 영업사원이 하는 모든 말을 과대 광고의 일부분으로 치부하게 된다. 반대로 탐조등이 고객에게 많이 비쳐지도록 하는 경우를 생각해 보자. 즉 고객에게 상품을 품평할 기회를 많이 준다면 서로 대등한 토론자의 입장이 될 것이다. 이런 경우 비즈니스는 자연히 번창하게 된다.

대화를 할 때 반드시 동시에 두 개의 선을 당겨야 한다. 선 하나는 자신의 것이며, 다른 하나는 상대방의 것이다. 한 방면으로는 자신의 입장과 태도, 자신만의 논리전개 방식을 지녀야 하고, 다른 방면으로는 상대방의 입장, 태도, 논리전개 방식을 이해해야 한다. 다른 사람에게 말을 건네기 전에 상대방이 어떻게 받아들일지 또는 어떻게 반응할지 생각해 보아야 한다.

훌륭한 영업사원이 되려면 언제나 자신이 팔고자 하는 상품을 설명한 후 고객의 심리 변화와 반응을 관찰하여 미소를 지을지 또는 가벼운 탄식을 할지 등을 미리 준비할 수 있어야 한다.

대화의 심리 조절

프랑스의 총리였던 조르주 클레망소는 호랑이 같은 성격으로 유명하다. 그는 내정과 외교 방면에서 강경한 태도를 견지했으며, 융통성 있게 일처리를 하는 것으로 알려졌다. 클레망소의 외교적 능력을 잘 나타낸 한 일화를 살펴보자.

어느 날 그는 한 조각상을 보고는 마음에 들어 가격을 물어보았다. 그러자 상인은 "당신 같은 신사분에게는 75프랑에 팔겠습니다"라고 말했다. 클레망소는 가격이 너무 높다고 생각하여 45프랑을 제시했다. 그러자 상인은 45프랑보다 더 높은 가격을 받기 위해 흥정하려고 했다. 하지만 클레망소는 조금도 동요하지 않고 자신이 처음에 제시한 가격에서 한 치의 양보도 하지 않았다. 상인은 더 이상 참지 못하고 손사래를 치며 "정말 대책이 없군요. 그 가격에 물건을 팔기보다는 차라리 당신한테 공짜로 주는 것이 낫겠어요"라고 말했다. 그 말은 그 가격에 절대 팔지 않겠다는 뜻이었다. 그러나 클레망소는 상인의 말을 바로 받아 "약속한 겁니다"라고 말하고는 그 조각상을 바로 낚아채었다. 그리고는 "당신의 호의에 감사합니다. 하지만 이렇게 귀중한 선물을 받았으니 보답을 하는 것이 도리겠지요"라고 말하면서 45프랑을 상인에게 건네주었다.

자신이 양보할 수 있는 최하선과 원칙을 지키면서 융통성을 발휘하려면 올바른 심리 조절 능력이 필요하다. 그러면 심리 조절 능력을 키우는 방법을 몇 가지 알아보자.

첫째 감정과 태도를 조절하고 통제할 수 있어야 한다. 사람들은 쉽게 감정에 치우치는데, 상대에게 거절당했을 때는 불만을 느끼거나 보복하려는 마음이 생기기 쉽다. 그 결과 말다툼이 벌어진다. 하지만 너무 약한 모습을 보이게 되면 원칙이 없어지고 손해를 보기 쉽다. 상대방과 교류를 시작하기 전에 자신의 감정과 태도를 잘 조절해야 하는데, 감정을 통제하는 것은 상대방과 솔직히 대화하기 위한 필수 요소이다.

자신의 감정을 잘 통제할 수 있다면, 상대방이 무례하고 이치에 맞지 않는 말을 한다 하더라도 서로를 자극하지 않고 불필요한 언쟁 또한 하지 않게 된다. 또한 냉정하게 대처할 수 있으므로 멀리 앞을 내다볼 수 있는 기개를 가지게 된다. 즉 변하지 않음으로써 만 가지 변화를 부린 것과 같은 효과를 얻을 수 있다.

둘째 타인에 대해 부정적인 감정을 가지지 마라. 타인에 대한 부정적인 감정은 서로간의 거리감만 키울 뿐이다. 따라서 감정을 냉정하게 유지하는 것은 서로에 대한 불신, 경계, 적개심을 완화시켜주며, 사교를 성공적으로 이끈다.

셋째 자신의 입장을 고집하거나 상대의 요구를 무시하지 마라. 자신의 입장만을 고집한다면 일치된 견해를 도출하기 쉽지 않다. 따라서 교류를 할 때 서로의 공통점을 찾아 상대방이 직면하고 있는 문제를 해결하기 위해 노력해야 한다.

넷째 상대방의 체면을 살려주어 적극적으로 대화에 참여하도록 유도한다. 자신의 체면을 유지하려고 상대방에게 양보하거나 타협하지 않는다면 상대방도 그와 똑같이 대하게 된다.

다섯째 상대방과의 교류에서는 '상호간의 일치, 상호간의 합작'이 최고이며 최선의 계책이라는 것을 주지시킨다. 교류는 '성패' 혹은 '생사의 일전(一戰)'이 아니라는 점을 상대방에게 이해시켜야 한다. 또한 이 점을 서로에게 인식시키기 위해서는 어느 정도의 노력이 필요하다는 사실을 인정해야 한다.

듣기 좋은 목소리의 힘 3

소갈비를 팔려면 먼저 소갈비가 지글지글
익는 소리를 듣게 하라.

보기 전에 먼저 그 소리를 듣게 하라

전화통화는 일상생활에서 타인과 교류하는 중요한 수단이다. 우리는 대부분의 일을 전화로 해결한다. 따라서 수화기를 드는 행위는 곧 다른 사람과 교류를 준비하는 것이다. 전화는 목소리로 의사소통을 하는 것이므로 음성과 마음가짐에 주의해야 한다. 더불어 사용하는 단어와 음조, 어감 모두 중요하다.

통화를 하는 상대에게 진정한 마음을 알리기 위해서는 상대방이 마치 바로 앞에 있다고 상상한다. 상대의 눈을 바라보면서 느끼는 감정과 미소를 목소리에 담아 전화로도 그것을 느낄 수 있도록 한다. 또한 전화로 의사를 표현할 때는 목소리와 표정을 평소보다 30% 더 과장해야 한다.

상대방의 말을 집중해서 듣고 요점은 그때그때 메모하며, 통화하는 중에는 동시에 다른 일을 하지 않도록 주의한다. 또한 상대방의 주의력을 집중시키기 위해 직접 마주 보고 대화할 때보다 더 자주 상대의 이름을 불러주어야 한다. 마주 보고 대화를 나눌 때는 상대방의 이름을 자주 부르는 것이 실례가 되겠지만 전화통화를 할 때는 그리 걱정할 필요 없다. 사람은 일반적으로 자신의 이름을 들었을 때 긍정적인 감정을 느끼기 때문이다. 전화통화를 하면서 이름을 불러주는 것은 마치 직접 만나 눈을 마주 보며 교감을 나누는 것과 같다.

친밀하고 간결한 말을 사용하면 상대방에게 전문가라는 인상을 심어줄 수 있다. 상대방이 신분을 밝히기를 기다린 후에 온화하고 화사하게 웃는 표정을 지어 목소리에 웃음이 묻어 나오도록 한다. 자신의 웃는 얼굴은 단지 상대방만을 위한 것이라는 느낌을 주어야 한다.

전화로 고객의 불만과 고충을 처리하기는 상당히 어려운 일이다. 그것을 전문적으로 하는 사람일지라도 전화통화를 할 때는 항상 주의를 기울여야 한다. 불만과 고충을 털어놓는 사람은 보통 화가 나 있는 상태이다. 하지만 그 분위기에 휘말려 감정적으로 일을 처리해서는 안 된다. 언제나 냉정한 마음 자세를 유지해야 한다. 먼저 상대에게 "저희 쪽에서 처리가 미흡했던 것 같습니다. 이 점에 대해 죄송하게 생각합니다. 상세한 상황을 저희에게 알려주시겠습니까?"라고 말한다.

먼저 책임이 우리 쪽에 있다는 마음 자세로 대해야 한다. 그런 다음 고객의 불만 사항에 귀를 기울인다. 불만 사항을 자주 접수하는 고객이라 하더라도 말하는 동안 중간에 말을 끊지 않아야 한다. 이 경우 고객은 불쾌함을 느끼게 된다. 고객의 말을 충분히 들은 다음 진심으로 사과하고 앞으로 취할 대처 방안을 설명해 준다. 자신의 권한을 넘어서는 사항일 경우에는 책임자와 직접 통화할 수 있도록 연결해 준다. 이때 자신의 전화가 이리저리 다른 사람에게 떠넘겨진다는 느낌을 주지 않도록 주의한다. 끝으로 고객에게 자신의 이름을 남기고 실제로 처리 가능한 시기를 알려준다. 그러면 고객도 충분히 이해할 것이다.

타이밍이 절반이다

첫째 전화통화의 개방성과 사회성.

전화통화는 면전에서 상대방과 대화를 하는 것과 같으므로 정보 누출에 주의해야 한다. 예로 A가 B에게 전화를 걸었는데, 전화를 받은 쪽은 C라고 하자. 이럴 경우 C는 B에게 전화를 받을 것인지 아닌지를 물어볼 것이다. 이러한 사적인 말을 A가 듣게 된다면 여러 가지 오해를 불러일으킬 수 있다.

둘째 전화할 시기를 잘 선택한다.

긴급한 일을 처리하고 있을 때 전화를 걸어 상대방을 방해한다면 실례가 된다. 자신의 일이 아무리 중요하다 해도 상대방에게 지금 전화를 받을 수 있는지를 먼저 물어보자. 그러면 설령 전화를 받기 힘든 상황이라 해도 쉽게 거절하지 못한다. 새벽이나 밤늦게 걸려오는 전화는 환영받지 못한다. 아침 8시에서 10시까지는 하루를 시작하는 시기로 가장 분주한 시간대이므로 되도록 피하는 것이 좋다. 가장 좋은 방법은 사전에 상대방이 어떤 시간에 여유가 있는지를 알아봄으로써 상대방이 곤란해할 상황을 만들지 않는 것이다.

셋째 통화는 간결하게 한다.

통화할 때는 말과 말 사이에 적당한 간격을 두고, 본인의 의도를 상대에게 명확하게 전달해야 한다. 오랜 시간 통화를 했는데도 여전히 대화의 핵심에 다가서지 못하면 상대는 불쾌감을 느끼게 되므로 반드시 통화하기 전에 요점을 적어두는 습관을 기른다.

넷째 전화통화가 가장 많은 시간대를 피한다.

가장 바쁜 시간대에 전화를 걸면 종종 '통화 중'이라는 소리를 듣게 된다. 일반적으로 회사가 가장 바쁜 시간대는 출근 후 1~2시간, 점심식사 후 1~2시간, 퇴근 시간 직전이다. 어느 시간대에 전화를 걸든지 상대방과 통화한 후 반드시 "바쁜 시간에 전화를 드려서 죄송합니다"라는 말을 건넨다.

다섯째 '잠시만 기다려 주십시오'라고 말한 후 1분을 초과하지 않는다.

통화를 하는 도중 자료를 찾기 위해 '잠시만 기다려 주십시오'라는 말을 자주하게 된다. 하지만 자료를 찾지 못해 우왕좌왕하는 사이에 이미 몇 분을 초과하는 경우가 종종 있다. 허겁지겁 자료를 찾아 수화기를 들었을 때는 이미 상대방은 전화를 끊은 상태일 것이다. 상대를 오래 기다리게 하는 것은 비단 비즈니스뿐만 아니라 일상생활에서도 대단히 무례한 태도이다.

비즈니스에서는 일반적으로 1분을 '잠시'로 설정한다. 1분을 초과하는 것은 이미 잠시의 한계를 넘어서는 것이다. 1분 이상 소요될 경우에는 상대에게 "죄송합니다. 잠시 후 다시 걸겠습니다"라고 말하는 것이 예의이다. 1분 이내에 자료를 찾아 수화기를 다시 들었더라도 상대에게 "기다리게 해서 죄송합니다"라는 말을 꼭 덧붙여야 한다. 이것은 전화통화의 기본 예절이다.

여섯째 전화벨이 3번 이상 울리게 하지 않는다.

여러 번 신호음이 가는데도 상대가 전화를 받지 않으면 감정이 상하게 된다. 게다가 겨우 받은 상대가 무뚝뚝한 음성을 '여보세요'라고 한다면 더욱 화가 날 것이다. 일반적으로 전화벨이 3번 이상 울리지 않게 하는 것이 예의이다. 부득이하게 전화를 빨리 받지 못하게 되었을 경우에는 "기다리게 해서 죄송합니다"라는 말로 양해를 구한다.

일곱째 세심한 마음 씀씀이를 표시한다.

통화 도중 상대편에서 다른 전화벨 소리가 울릴 경우 혹은 다른 소리(아기 우는 소리, 강아지 짖는 소리 혹은 다른 사람이 부르는 소리 등)가 들릴 경우 잠시 통화를 중단하고, 상대방에게 그 일을 먼저 처리하지 않아도 되는지 물어보자. 상대방의 대답이 무엇이든지 그는 이미 우리의 마음 씀씀이를 느끼게 되고, 우리가 전화통화에 능숙하다는 사실을 알게 된다.

또한 먼저 전화를 걸었을 때는 자신의 이름을 밝힌 다음 인사말을 건넨다. 상대방과 업무적으로 자주 통화를 할 경우에는 적어도 상대방의 비서와 좋은 관계를 유지해야 한다. 당사자 대신 전화 받을 수 있는 위치라면 당사자가 우리에 대한 견해를 내릴 때 충분히 영향을 줄 수 있기 때문이다. 일반 가정집에 전화를 걸 때는 항상 그 가족의 안부를 묻고, 사무실에 전화를 걸 때는 전화 받는 비서에게 먼저 인사말을 건넨다.

준비된 자의 여유

전화통화를 쉽게 생각하는 경향이 있는데, 사실은 결코 쉬운 일이 아니다. 특히 상대방의 지위가 자신보다 높거나 중요한 사안에 대해 이야기할 때는 미리 주눅이 들어 머리가 텅 빈 것 같은 느낌을 가지기 쉽다. 말하고자 하는 것을 상대방에게 정확하게 전달할 수 있는 사람은 실제로 그리 많지 않다. 정확하고 간결하게 정보를 전달하기 위해서는 반드시 머릿속에서 그 내용을 정리할 필요가 있다. '언제, 어디서, 무엇을, 어떻게, 왜'라는 5가지 사항을 정확히 파악하지 못한다면 전달할 내용을 간결하게 말할 수 없다.

전화하기 전에 통화할 내용을 기록해 두는 습관을 들이면, 편안하고 간단하게 통화를 끝낼 수 있다. 사전에 전화할 내용과 관련된 자료를 함께 준비해 두면 금상첨화이다.

수화기를 들기 전에 반드시 생각해 볼 점이 있는데, 어떤 손으로 수화기를 들 것인가 하는 것이다. 보통 오른손잡이는 왼손으로, 왼손잡이는 그 반대인 오른손으로 수화기를 드는 것이 좋다. 이럴 경우 통화하는 중에도 편안하게 자료를 찾아볼 수 있다. 또한 통화 내용을 기록할 수도 있으므로 시간을 절약할 수 있으며, 신속하게 대응할 수 있다.

각 부서가 관장하고 있는 기본적인 업무에 대해서도 알아둘 필요가 있다. 각 부서가 어떤 곳과 어떻게 업무적으로 연결되는지를 알아보아야 한다. 각 부서의 업무적 특성을 파악하지 못한다면, 우리는 어쩌면 전화도 제대로 바꿔주지 못하는 사람으로 낙인찍힐 수 있다. 거래업체에서 전화가 왔는데 업체의 이름조차 모른다든지 혹은 전화 건 상대방을 어느 부서로 연결할지 몰라 이리저리 전화를 돌린다면, 회사 이미지는 큰 타격을 받을 것이다. 따라서 간략히 자주 왕래하는 업체 이름, 책임자 성명 및 전화번호 등을 따로 준비하여 책상 위에 놓아두자. 가능하다면 각 부서의 업무적 특성도 함께 적어 준비해 두면 좋다.

습관과 예절의 벽을 넘어라

전화를 받았을 때 우리는 습관적으로 '여보세요'라고 말한다. 하지만 올바른 태도는 자신을 밝히는 것이다. 전화를 걸 경우에도 상대방에게 자신을 먼저 밝히는 것이 예의이다. 자신의 이름도 밝히지 않고 "ㅇㅇㅇ 선생님 바꿔주십시오"라고 말하는 것은 예의에 어긋나는 행동이다. 가끔 자신의 이름을 밝히지 않고 회사명만 말하는 사람이 있는데, 자신이 속한 단체명과 성명을 함께 상대방에게 알려주어야 한다. 전화를 받는 입장에서는 상대방이 누군지 정확히 알지 못해 누구에게 전화를 연결해야 할지 당황스러울 수가 있기 때문이다. 또한 상대방과 다시 통화할 일이 있을 때 이름을 모른다면 곤란한 상황에 직면할 것이다.

전화를 받는 것 역시 걸 때와 동일하다. 먼저 밝은 목소리로 '안녕하십니까'라고 인사한 후 '여기는 ㅇㅇ회사의 △△입니다' 혹은 '여기는 ○○부서의 △△입니다'와 같이 자신이 속한 단체와 본인의 이름을 밝힌다. 그런 다음 '평소에 관심과 도움을 주셔서 대단히 감사합니다' 와 같은 인사말을 건넨다. 상대에게 도움을 받은 적도 없는데 왜 그런 인사를 해야 하느냐고 생각할 수도 있다. 하지만 비즈니스에서는 상대방과 처음으로 인사할 경우라도 그러한 인사를 건네는 것이 일반적인 예절이다. 이런 말 한마디로 좀 더 좋은 인상을 주어, 사업을 더욱 매끄럽게 진행할 수 있기 때문이다.

통화 도중 갑자기 전화가 끊어진 경우에는 전화를 건 사람이 다시 거는 것이 예의이다. 간혹 전할 말은 모두 전했다고 해서 전화를 하지 않는 경우가 있는데, 이것은 올바른 태도가 아니다. 다시 전화가 연결되었을 때는 "정말 죄송합니다. 통화 도중 전화가 끊어졌군요"라고 미안함을 표시한다. 단선되었을 때 상대방이 공중전화를 이용한 경우를 제외하고는 본인이 먼저 전화한다는 생각을 꼭 가져야 한다.

또한 전화선의 문제로 상대방의 음성이 잘 들리지 않을 경우가 있다. 상대의 음성이 낮아 잘 들리지 않는 것으로 여기고는 큰 소리로 "죄송합니다만, 잘 들리지 않는군요. 좀 크게 말씀해 주시지 않겠어요?"라고 말한다. 하지만 실제로 상대방의 음성이 낮은 경우에도 전화선이나 전화 상태로 인한 것처럼 말해야 한다. '죄송합니다. 전화 상태가 좀 좋지 않아 감이 좀 먼 것 같습니다' 혹은 '죄송합니다만 다시 한 번 말씀해 주시겠어요'라고 말함으로써 상대의 기분을 상하게 하지 않고 통화 내용을 다시 확인할 수 있다.

자신을 찾는 전화가 아닌데도 마음대로 "무슨 일이십니까?"라고 물어보는 것은 실례이다. 상대방은 당신에게 전화한 것이 아니다. 따라서 최대한 상대방이 찾는 당사자를 직접 연결해 주어야 한다. 상대방이 전화한 이유를 자세히 설명하고 난 뒤 "아, 그분 지금 외출 중입니다"라고 말하면 기분이 어떻겠는가? 당사자가 부재중일 때는 상대방에게 "그분 지금 외출 중입니다. ○○시경에 돌아올 예정입니다"라고 대답한다. 이렇게 함으로써 상대방은 자신의 일정을 다시 조정할 수 있다. 상대방이 "그러면 잠시 후 다시 걸겠습니다"라고 말할 때 간단히 "알았습니다"라고 답한 후 곧바로 수화기를 내려놓지 말고, "○○분이 도착하면 전화해 드리라고 할까요?"라고 물어본다.

상대방이 찾는 사람이 자리에 없는데도 자신의 능력과 재능을 한 번 발휘해 보겠다는 양 계속 전화기를 붙들고 있는 태도는 오히려 상대를 성가시게 할 뿐이다. 자신이 단독으로 결정할 수 없는 일은 상사에게 연결하여 처리하도록 한다. 흔히 갓 입사한 신입사원은 어떤 일이든 적극적으로 하고 싶어한다. 자신의 체면이 손상될 것을 염려해 잘 알지 못하는 통화 내용도 다른 직원에게 연결하지 않고 모호한 대답으로 얼버무린다. 그러나 그 모호한 대답이 회사에 심각한 손실을 초래할 수 있다.

정확히 모르는 일에 관해서는 "책임자를 바꿔드리겠습니다" 또는 "이 문제에 대해서는 제가 잘 모릅니다만……" 하고 양해를 구한 다음 상사나 내용을 자세히 알고 있는 동료사원에게 전화를 연결해 준다. 상사나 동료사원이 전화를 받을 수 있는 상태인지 아닌지를 모를 경우에는 그들에게까지 통화 내용이 전달될 수 있도록 목소리를 높인다. 이렇게 하면 그들이 사전에 통화 내용을 일부분 파악할 수 있게 되고, 도와줄 필요가 있다고 느낄 때는 주동적으로 당신에게 전화 연결을 부탁할 것이다.

보이지 않는 상대와의 대화

아직도 많은 사람들이 자동응답기에 메시지 남기는 것을 어려워한다. 마치 태풍을 앞두고 있는 것처럼 긴장해 버리는 것이다. 상대의 목소리가 자동응답기에서 흘러나온 것임을 알아차리는 순간 당황하여 조리 있게 말하기가 어려워진다. 이런 상황에서는 자동응답기가 작동하기 전에 수화기를 내려놓고 처음부터 다시 전화를 건다.

전화를 걸기 전에 할 말을 차분히 정리하는 것은 필수이다. 머릿속으로는 자동응답기에 남길 메시지를 잘 정리했는데, 막상 녹음을 해야 할 순간이 되면 긴장이 고조되어 메시지를 매끄럽게 남기지 못하는 경우가 종종 있다. 이런 경우 미리 말할 내용을 메모지에 기록해 두었다가 읽는 것도 유용한 방법이다.

자동응답기의 기록 시간은 대개 짧으므로 가능한 내용을 간결하고 조리 있게 말해야 한다. 전할 내용이 복잡할 경우 간단히 회사명, 본인 이름, 전화한 이유를 남기거나 "나중에 다시 연락드리겠습니다"라는 메시지를 남긴 다음 다시 전화하면 된다. 다시 전화할 시간을 자동응답기에 남겨놓는다면 상대방은 우리의 배려를 느낄 수 있을 것이며, 서로 시간이 어긋나는 일이 또다시 발생하지 않을 것이다.

상대방이 장기간 외유에서 돌아와 자동응답기에 녹음된 메시지를 들었을 때, 메시지 내용만 담겨 있다면 전화가 언제 걸려왔는지 알 수 없을 것이다. 급히 상대방과 통화해야 할 경우 전화를 건 시간을 알려주는 것은 상당히 의미 있다. 따라서 자동응답기에 메시지와 함께 시간을 남기는 것을 습관화할 필요가 있다. "저는 ○○회사의 △△입니다. 어떤 일 때문에 6월 3일 오후 5시경에 당신에게 전화를 했습니다. 내일 다시 전화를 걸겠습니다. 저의 전화번호는 ***입니다. 감사합니다." 이처럼 전화를 한 이유, 전화한 날짜와 시간, 자신의 전화번호를 남기는 것이 상대에 대한 배려이다.

상사의 지시로 고객에게 전화를 했는데 마침 부재중이어서 자동응답기에 메모를 남겨놓은 경우를 가정해 보자. 그 다음날 상사는 왜 아직까지 고객으로부터 응답 전화가 없는지 이유를 물어볼 것이다. 고객이 부재중이어서 자동응답기에 메모를 남겨놓았다고 대답한다면, 돌아오는 것은 100% 상사의 책망이다. 자동응답기에 메시지를 남겨놓은 후 다시 상대방에게 전화를 걸어 부재 여부를 재확인해야 한다. 그리고 자동응답기에 메시지를 남길 때 "조금 후 다시 연락드리겠습니다"라는 말을 첨가하면 신중한 태도를 알릴 수 있을 것이다.

타인의 부탁으로 메시지를 전달할 경우에는 반드시 그 내용을 메모한다. 당연한 것처럼 생각되지만 실제로 메시지 내용을 완벽하게 메모하는 사람은 드물다. 회사에 따라 메시지 양식을 제공하는 곳도 있지만 많은 회사들이 여전히 직원 스스로 정리하도록 하고 있다. 메모할 때는 회사명, 부서, 전화를 한 사람의 이름과 전화한 이유 이외에 전화를 받은 사람의 이름과 시간까지 첨부한다. 메모에 전화를 수신한 사람의 이름을 적어놓지 않는다면 나중에 메모를 접한 동료사원이 정확한 사정을 알고 싶어도 누구에게 물어볼지 모르게 된다. 또한 수신한 시간을 적어놓음으로써 그 메모와 관련된 일이 언제 발생했는지를 알 수 있다.

통화하는 중에 상대방이 전달하기를 원하는 메시지 내용을 듣고 난 후 "전달하신 내용을 다시 한 번 말씀드리겠습니다"라고 말한 다음 들은 내용을 확인한다. 착각하기 쉬운 숫자와 이름은 특별한 방법으로 표시해 둔다. 전달한 메시지를 반복한 후 '저의 이름은 ○○○입니다. 말씀하신 내용을 당사자에게 잘 전달하겠습니다'라고 말함으로써 전화한 상대를 안심하게 한다.

달콤한 언어의 기술 4

세치혀로 자신을 마케팅 할 수도 있고,
직위를 높이고 부자가 될 수도 있으며
심지어 전쟁 없이 승리할 수도 있다.

고양이에게 고추 먹이기

1950년대 마오쩌둥이 류사오치와 저우언라이에게 '고양이에게 매운 고추를 먹이는 방법'을 물어보았다. 류사오치는 고양이를 잡아 입을 벌리게 하고 고추를 넣어 젓가락으로 밀어넣으면 된다고 말했다. 저우언라이는 먼저 고양이를 3일 정도 굶긴 다음 고추를 고기 속에 넣어두면 고양이가 그것을 통째로 삼킬 것이라고 말했다. 마오쩌둥은 두 가지 방법 모두 좋은 생각이 아니라고 말했다. 마오쩌둥은 고추를 가루로 만들어 고양이의 엉덩이 사이에 바를 것을 제안했다. 그러면 고양이는 화끈거리는 것을 느낄 것이고, 그러면 스스로 고춧가루를 핥아먹을 것이다. 이렇게 하면 고양이는 자신이 스스로 문제를 해결한 것을 기뻐할 것이다.

실제로 마오쩌둥은 류사오치가 제안한 것은 강압적인 방법이라 하여 싫어했으며, 저우언라이가 제안한 방법은 남을 속이는 방법이라 하여 받아들이지 않았다. 류사오치와 저우언라이와는 달리 마오쩌둥은 상대방의 적극성을 유도해 문제를 해결하는 방법을 선호했다.

이 이야기를 자신을 마케팅하는 상황에 적용해 보면 류사오치처럼 막무가내로 자신을 인정해 줄 것을 요청해서도 안 되고, 저우언라이처럼 상사를 기만하는 방법을 사용해서도 안 된다. 우리가 선택해야 할 방법은 마오쩌둥처럼 상사 스스로 우리를 좋아하게 만드는 것이다.

중국 속담에 '다른 일은 다 해도 아첨만은 하지 않는다'라는 말이 있다. 하지만 이 속담은 고상한 척하는 학자들에게나 어울리는 말로 언제나 타당한 진리라고 보기는 어렵다. 역사를 살펴보고 세상을 둘러보아도 아첨으로 시작해서 아첨으로 끝나지 않던가? 멀리서 그 예를 찾을 필요도 없이 우리는 주변에서 이와 같은 일을 수없이 접한다.

감언이설(甘言利說)은 경멸해야 할 행동이지만, 자신을 마케팅하는 데는 종종 성공적인 방법이 되기도 한다. 달콤한 말과 칭찬으로 분위기를 밝게 만들 수 있으며 인간관계를 개선할 수도 있다. 또한 무엇보다 중요한 것은 상대방이 자신을 쉽게 받아들이게끔 한다는 점이다. 이는 자신의 가치를 높일 수 있는 길이다.

자신을 마케팅하려는 사람이 이런 기교에 관심이 없다면 그것은 돌이킬 수 없는 실책을 범하는 것과 같다. 아부한다는 비난이 두려워 의도적으로 윗사람을 멀리한다면, 자신의 재능을 발휘할 수 있는 무대를 잃는 것이나 마찬가지다. 그렇게 되면 조직 내에서 자신의 존재를 알릴 수 없게 된다. 자신이 하는 말이 아첨이라고 해도 그 목적은 단지 더 높은 곳으로 도약하기 위한 수단일 뿐이다. 가장 중요한 것은 자신을 다른 사람에게 성공적으로 드러내어 인정받는 것이다.

여러 사람의 의견을 듣는 것은 현명한 일이며, 다양한 각도에서 수집된 정보를 획득하는 것은 지혜로운 일이다. 하지만 사람은 자신이 듣기 좋아하는 말에 더 관심을 가지게 마련이다. 마케팅 분야에서 말하는 언어 예술을 단지 '달콤한 언어를 말하는 것'으로 생각한다면, 이는 이것의 가치를 너무 낮추어 본 것이다. 진정한 언어 예술이란 타인을 찬미하는 것이 자연스럽게 생활 속에 스며든 것을 말한다.

뛰어난 말재주로 타인의 인격을 훼손하지 않으면서 자신의 이익을 추구한다면 이보다 더 좋은 것이 무엇이겠는가? 말재주는 성공적으로 자신을 고객에게 마케팅하는 윤활제와 같다. 고객과의 첫 만남이 좋지 않았다면 이후 좋지 않은 인상을 개선하기가 어렵다. 말재주는 자신을 마케팅하기 위해 배워야 할 필수 항목이다.

물건 값은 높이고 나이는 낮춘다

세상 속에서 부딪치는 사람 가운데 어떤 사람은 악마의 화신과 같고 어떤 사람은 부처의 환생과 같다. 하지만 우리가 그 사람을 좋아하거나 싫어하는 것과는 상관없이 성공적인 인간관계를 수립하기 위해서는 그 사람의 호감을 얻어야만 한다. 그러면 우리는 어떻게 타인의 호감을 얻을 수 있을까? 먼저 다음의 이야기를 살펴보자.

교제에 능한 사람이 있었다. 그를 방문하는 손님마다 기쁜 마음으로 머물다가 유쾌한 마음으로 떠났다. 하루는 몇 명의 귀빈이 식사에 초대되었다. 손님이 약속 시간에 속속 도착하자, 주인은 만면에 웃음을 띤 채 문 앞에서 손님을 맞으며, "무엇을 타고 오셨습니까?"라고 인사말을 건넸다.

첫 번째 손님이 "자가용을 몰고 왔습니다"라고 대답했다. 주인은 즉시 감탄과 찬미의 어조로 "아, 고귀하신 분이시군요. 안으로 드십시오"라고 말했다.

두 번째 손님이 이마를 찡그리며 빈정거리는 투로 "비행기를 타고 왔습니다"라고 대답했다. 주인은 "대단한 분이시군요"라고 감탄했다.

세 번째 손님은 눈을 한 번 굴리고는 "로켓을 타고 왔습니다"고 대답했다. 주인은 놀란 표정을 지으며 두 손을 맞잡고 "용감하신 분이시군요"라고 칭찬했다.

네 번째 손님은 솔직하게 "자전거를 타고 왔습니다"라고 대답했다. 주인은 그 자리에서 바로 "소박한 분이시군요"라고 말했다.

다섯 번째 손님은 부끄러운 듯이 "걸어서 왔습니다"라고 대답했다. 주인은 공손히 합장하며 "정말 좋군요. 걷는 것은 몸을 단련하는 데 좋은 운동입니다. 건강한 분이시군요"라고 했다.

여섯 번째 손님은 일부러 "기어서 왔습니다"라고 대답하기 곤란한 말을 했다. 그러자 주인은 그의 얼굴을 한 번 보더니 미소를 지으며 "안정된 분이시군요"라고 말했다.

일곱 번째 손님도 여섯 번째 손님과 같이 말재주 좋은 그 주인을 망신 주기 위해 빈정대는 투로 "섞여 들어왔다"라고 대답했다. 모두들 주인의 대답을 궁금해하며 지켜보았다. 그러자 주인은 조금도 어렵지 않다는 듯이 "정말 주도면밀한 분이시군요"라고 칭찬했다.

이 이야기는 대인관계에 성공하기 위해서는 때로 남의 비위를 맞출 수도 있어야 하며, 언행과 처사가 능숙해야 한다는 점을 시사하고 있다. 그러면 이 이야기를 실제 생활에 어떻게 적용할 수 있을까? 가장 간단한 것은 물건 가격은 높이고, 나이는 낮추는 것이다. 이것은 상대방의 비위를 맞추는 간단한 언어 기교로서 사람의 일반적인 심리에 착안한 것이다.

먼저 물건 가격을 높여 부르는 이유를 알아보자. 일상생활에서 가장 흔히 하는 일이 물건을 구입하는 것이다. 사람들은 대부분 저렴한 비용으로 좋은 물건을 구입하는 것이 바람직한 구매 행위라고 생각한다. 비록 물건 구입에 능숙하지 않더라도 타인의 눈에는 잘하는 것으로 비쳐지길 원한다. 자신이 2만 원에 구입한 것을 다른 사람이 1만 5천 원에 구입했다면 물건을 사는 데 소질이 없다는 일종의 패배감을 맛보게 된다. 그 반대의 상황에서는 당연히 자부심을 가질 것이다. 이런 심리가 바로 물건 가격을 높여 부름으로써 대인관계에 효과를 발휘하는 기초적인 토양이 된다. 주의할 것은 물건 가격의 한계선 정도는 알고 있어야 한다는 것이다. 너무 높은 가격을 매긴다면 생각했던 것만큼의 효과를 얻기 어렵다.

다음은 '나이 낮춰 말하기'에 대해 알아보자. 인간은 누구나 세월이 흐르면 나이를 먹고 늙어간다. 하지만 언제나 젊음을 유지한 채 살아가기를 원한다. 특히 나이가 들수록 자신의 나이에 상당히 민감해져서 늙어 보이는 것을 두려워하는 심리를 누구나 조금은 가지고 있다. 이것이 바로 '나이 낮추어 말하기'의 출발점이다.

이 방법은 상대방의 나이를 낮춰 불러 상대방에게 몸관리를 잘했다는 심리적인 만족감을 가지게끔 하는 것이다. 60대 노인들에게 40대 혹은 50대 중반처럼 보인다고 말한다면 누가 싫다고 하겠는가? 이런 '아름다운 착각'을 상대방에게 심어준다고 해서 우리에게 눈썰미 없다고 비난하지도 또한 반감을 가지지도 않는다. 오히려 호감을 가지고 우리를 대하게 된다. 하지만 어린아이나 청소년은 성인이 되고 싶어 하는 심리가 있기 때문에 오히려 나이를 높여 부르는 것이 더욱 효과적이다.

아름다운 착각을 심어줘라

청(淸) 초기에 후배에게 배움을 베풀길 좋아하는 주완운이라는 유명한 시인이 있었다. 사람들은 종종 자신이 적은 시를 가져와 그에게 평가해 달라고 부탁했다. 처음에 그는 시의 좋고 나쁨을 정직하고 세심하게 지적해 주었다. 그런데 시간이 흐르자 이상한 소문이 나돌기 시작했다. 그가 대단치 않은 실력으로 다른 사람의 재능을 시기한다는 것이었다. 주완운은 이 소문을 듣고 한참을 고민한 후 친구에게 도움을 청했다. 그 친구는 귓속말로 한 가지 방법을 알려주었다.

그 다음 어느 날 백발의 노인이 낙타의 등에 시를 적은 꾸러미 두 개를 짊어지고 주완운을 찾아왔다. 노인은 이미 40년 동안 시를 적었는데, 그 양이 100여 뭉치나 된다고 말했다. 주완운은 시 뭉치들을 보며 "40년 동안 100여 뭉치를 적다니 대단하십니다" 하고 말했다. 그러자 노인은 진심으로 탄복하며 기쁜 마음으로 돌아갔다.

얼마 뒤 부잣집 자녀 한 명이 엉터리 시 한 편을 들고 주완운을 찾아왔다. 주완운은 "적은 나이에 시문에 통달하다니 정말 대단합니다"

라고 말했다. 부잣집 자녀는 진심으로 탄복하고는 황금 한 덩이를 남겨 두고 돌아갔다.

그후 또 얼마 되지 않아 한 생원이 시 한 편을 들고 지도를 청했다. 그러자 그는 "선생께서는 이미 이름을 얻었는데 이렇듯 배움을 즐겨하고 겸손하시니 정말 대단하십니다"라고 말했다. 생원 역시 진심으로 탄복하고는 기쁜 마음으로 돌아갔다. 그후 곧 "한림원에 들어가지 않아도 좋으니 주완운과 한번 사귀어 보고 싶다"라는 소문이 널리 퍼졌다. 주완운의 이름은 순식간에 천하에 울려 퍼졌으며 모든 사람이 그에게 진심으로 탄복했다.

다른 사람이 자신을 칭찬하는 것을 싫어한다고 말하는 사람이 있다. 하지만 실제로 그 사람이 싫어하는 것은 칭찬하는 방식이지 칭찬 그 자체가 아니다. 사람은 겸손한 태도를 보일 때도 가슴속으로는 여전히 칭찬과 인정을 받으려는 강렬한 욕구가 숨어 있다. 따라서 겸손의 말을 진실로 믿고 자신의 의견을 솔직히 말한다면 상대방은 탐탁지 않게 생각할 것이다.

인간은 본질적으로 순응하는 사람을 좋아한다. 따라서 상대방의 각도에서 생각하고 행동하는 것이 가장 좋은 교제 방법이다.

삼국시대 유비가 조조와의 결전에서 대패하여 관우만 홀로 조조의 군대에 포위된 적이 있었다. 인재를 아끼는 조조는 관우를 사로잡고 싶어했다. 하지만 정상적인 방법으로는 관우의 투항을 권유할 수 없어 조조가 고민하고 있을 때 장료가 나서서 관우에게 말했다.

"장군이 여기서 전사하면 세 가지 죄를 짓는 것입니다. 장군이 도원결의로 유비, 장비와 한 날 한 시에 죽을 것을 맹세했습니다. 하지만 유비가 대패한 지금 장군이 여기서 죽는다면 후일 유비가 다시 일어섰을 때 장군은 도움을 주지 못합니다. 그러면 약속을 어기게 되는 것이니 이것이 첫 번째 죄입니다. 두 번째 죄는 유비가 자신의 가족들을 장군에게 부탁했는데 장군이 여기서 죽게 되면 그들을 돌볼 사람이 없게 되는 것입니다. 세 번째 죄는 문무를 겸비한 장수인 장군이 유비를 도와 한(漢)의 황실을 돌보지 않고 필부의 용기만을 생각하여 대의를 펼치지 않는다면 충신열사라고 할 수 없는 것입니다."

장료가 관우의 안색을 살피니 망설이는 기색이 역력했다. 장료는 쐐기를 박듯이 말했다.

"제 생각으로는 하산하는 것이 옳은 듯합니다. 대장부는 충심만 변하지 않는다면 시세를 따를 수도 있어야 합니다. 유비의 행방을 알면 그를 찾아가면 될 것입니다. 이는 유비가 부탁한 중임을 완수하는 것이고, 또한 그를 도와 황실을 부흥시켜 천하통일의 원대한 목표를 달성하는 것입니다. 장군은 재차 깊이 생각하시길 바랍니다."

장료는 관우가 『춘추(春秋)』를 즐겨 읽으며 인의를 중요시 한다는 것을 이미 알고 있었다. '시세를 아는 자가 준걸이다' 등의 말로 투항을 권유했다면 오히려 관우의 마음을 움직이지 못했을 것이다. 사실 일반적인 도리로 보면 관우가 조조에게 투항한 것은 불의이다. 하지만 장료의 말 한마디로 투항하지 않는 것이 오히려 인의가 없는 행위가 되었다. 관우처럼 의를 목숨보다 중요시 여기는 영웅도 세치의 혀에 굴복했는데 우리 같은 보통 사람은 더 말할 필요가 있겠는가?

인물을 보고 요리를 내다

청나라 때 베이징에 날로 번창하고 있는 이발소가 있었다. 하루는 이발소 주인이 집 대문을 수리할 때 선비를 불러 문 양 옆에 멋진 문구를 적어달라고 부탁했다. 선비는 "머리를 깎아주려는데 천하에 사람 머리가 얼마나 많은지 모르겠구나? 가위의 날카로움이 극에 이르러 살펴보려 하니, 노부의 능력이 어떠한지 살펴보아라"라는 문구를 적어주었다. 기세도 있고 문장력도 괜찮아 보이는 문구였다. 하지만 어떻게 된 일인지 이 문구를 붙여놓은 후로는 사람들이 물어만 볼 뿐 정작 이발을 하러 들어오지 않아 문을 닫을 지경이었다.

대서예가 동방이 베이징을 유람할 때 여비가 떨어져 하룻밤 신세 질 곳을 찾고 있었다. 그때 그는 손님이 없는 이발소에 "오는 사람은 모두 벼슬길에 나가려 하고, 떠나는 사람 중 고민하는 사람 없네"라는 문구를 적어주었다. 이 문구가 붙은 후로 이발소는 다시 손님으로 가득 찼으며, 동방도 명성을 날리게 되었다.

위 고사는 우리에게 두 가지 교훈을 준다. 하나는 '웃는 얼굴에 침 못 뱉는다'는 것이다. 대화할 때 말속에 화난 감정과 살기가 묻어 있다면 상대방은 우리를 멀리할 것이며, 친밀한 어조와 교양 있는 말로써 대화를 나눈다면 상대방은 우리를 가까이에서 도와줄 것이다. 하지만 '웃는 얼굴에 침 못 뱉는다'는 속담도 대상과 장소에 맞게 적용해야 한다. 동방이 적은 문구를 장의사 집 대문 앞에 붙여두었다면 전혀 효과가 없었을 것이다. 다른 하나는 개개인마다 그 특색이 다르다는 점이다. 자신이 가진 습관에 따라 천편일률적으로 말하지 말고 상대방에 맞추어 말해야 한다.

　상대방에 대해서는 전혀 모르는 채 맹목적으로 좋은 말로 치켜세워서는 안 된다. 무조건 치켜세우기만 한다면 상대방은 그 말이 곧 아첨이라는 것을 알게 될 것이다. 상대방의 특징을 분석하여 어떤 말에 기뻐할지를 먼저 알아야 한다. 사업과 관계된 사람을 만났을 때 뛰어난 사업 수완을 칭찬한다면 분명 기뻐할 것이다.

　반대로 학문적 능력, 검소한 생활과 도덕의식 등을 찬양한다면 그를 풍자하는 것으로 오해할 수 있다. 공무원과 인사를 나눌 기회가 있다면 당연히 청렴성, 업무능력, 국민을 위하는 자세 등을 칭찬해야 한다. 공무원에게 재테크 솜씨를 칭찬한다면 분명 불쾌한 표정을 지을 것이다. 상대방이 가장 자부심을 가지는 부문이 바로 우리가 칭찬해야 할 대상이다. 경험이 많은 마케팅 사원이 가장 많이 사용하는 방법이 바로 이것이다.

역발상의 정화인 격장법

　격장법(激將法)이란 자극적인 언어로 상대를 격분시켜 우리가 원하는 것을 얻는 방법이다. 정공법이 아닌 역발상의 방법은 칭찬이 통하지 않는 상대에게 적합하다.

　중화민국시대 장타이옌은 박식한 학자였으나 위안스카이의 미움을 받아 1914년 베이징의 용천사에 구금되었다. 이에 분노한 장타이옌은 단식을 선포했다. 다음날 그의 제자들이 찾아와 단식을 중단할 것을 요청했지만 그는 포기하려 하지 않았다. 그때 제자 가운데 한 명이 삼국시대 예형이 북을 치며 조조를 조롱한 고사를 생각하고 "선생님이 예형과 비교하여 어떻다고 생각합니까?"라고 물어보았다. 장타이옌은 눈을 부릅뜨고 "예형 같은 자를 어떻게 나와 비교하는가?"라고 대답했다. 그러자 제자가 대답했다.

"유표가 예형을 살해하려고 했으나 선비를 죽였다는 오명을 듣기 싫어 황조의 손을 빌려 죽였습니다. 지금 위안스카이는 유표보다 더 책략이 뛰어나군요. 황조와 같은 역할을 할 사람도 필요 없이 선생님 자신이 선생님을 죽이게끔 만드는군요."

이 말을 듣고 장타이옌은 즉시 단식을 그만두었다.

장타이옌과 같이 자부심이 강한 학자에게는 격장법이 더욱 효과적이다. 즉 칭찬 중의 자극, 비교 중의 충고가 더욱 효과가 있다. 격장법은 일상적인 교류, 마케팅 및 담판에서 자주 사용되는 언어 예술이지만, 아래 몇 가지 사항을 주의하여 이용해야 한다.

첫째 대상 선정에 주의를 기울여야 한다.

격장법이 효과적으로 발휘될 수 있는 대상 범위가 있다. 일반적으로 사회 경험이 풍부하지 않고 감정적으로 일을 처리하는 사람이다. 지혜와 경륜이 풍부한 사람에게는 효과가 그리 크지 않다.

삼국시대 제갈량이 10만 대군을 몰고 위수 근처에서 진을 치고 있었다. 사마의가 출병하여 대항했는데 제갈량은 원정군의 입장이므로 빠른 결전을 원했다. 하지만 사마의는 굳게 방어할 뿐 싸우려고 하지 않았다. 제갈량은 사마의를 격동시켜 출병하게 할 목적으로 여자 옷을 보냈다. 하지만 사마의는 고의로 제갈량이 보낸 사신 앞에서 웃으면서 그 옷을 입었다. 제갈량은 비록 화가 났지만 뾰족한 수가 없어 군대를 퇴각시킬 수밖에 없었다.

격장법은 쉽게 놀라고 열등감이 강하며, 성격이 내향적인 사람에게는 적합하지 않다. 말이 지나치게 자극적이면 오히려 원한을 품을 수 있기 때문이다. 격장법이 성공하기 위한 첫 번째 요건은 대상 선정을 잘하는 것이다.

둘째 **분수에 맞는 언어를 사용해야 한다.**

격장법을 사용하더라도 지나친 말은 삼가야 한다. 격장법을 사용하는 목적은 상대방을 자극하는 것이 아니라 상대방이 보이는 반응을 장악함으로써 우리가 원하는 것을 얻는 것이다. 말이 너무 지나치면 대항 심리를 불러일으킬 것이고 말이 너무 약하면 상대방의 감정을 자극할 수 없다.

셋째 **예의를 유지해야 한다.**

격장법을 사용할 때 이용하는 도구는 언어이지 태도가 아니다. 상대방을 격동시키기 위해 얼굴을 찡그리고 책상을 두드리는 것은 좋은 방법이 아니다. 이런 태도는 자신의 수준을 폭로하는 것과 같다.

침묵하는 사람이 신비롭다 5

풍류는 대화에서 나오는 것이 아니라
신비감에서 나온다. 해서는 안 되는 말을 하는 것은
침묵을 지키는 것보다 더 위태롭다.

3퍼센트만 말하라

대고악 장군은 진정한 지도자는 위대함과 더불어 신비감이 있어야 하며 입이 무겁고 말수가 적어야 한다고 말했다. 명나라 시대 여곤은 『신음어(呻吟語)』에서 성인의 처세와 경험을 다음과 같이 요약했다.

"성인은 타인에게 속마음을 드러내지 않고, 낯선 곳에 있어도 마음이 흔들림이 없고, 피곤해도 밖으로 표현하지 않고, 바쁠 때도 표시 내지 않는다. 또한 소란스러울 때도 진중하며, 홀로 중대한 일을 짊어질 때도 당황하지 않는다."

비록 성인이 되지는 못하더라도 그들의 면모를 일부라도 배우기 위해 노력해야 한다. 그러기 위해 먼저 들어줄 수 없는 부탁을 거절하는 법을 배워야 한다. 또한 대화 중 "직업이 무엇입니까?"라고 물어봄으로써 자신을 남에게 폭로하는 우를 범하지 말아야 한다. 우리가 먼저 상대방의 직업을 물어보면, 자신의 직업 역시 밝혀야 하기 때문이다. 상대방에게 신비로움을 주어야만 우리를 꿰뚫어보지 못하고 우리가 가진 풍모와 재기를 표현할 여지가 생긴다.

"모든 화는 입에서 나온다"는 말은 세상을 살아가는 도리를 나타낸 것이다. 사람에게는 모두 약점과 결점이 있다. 타인의 입에서 자신의 약점과 결점이 언급된다면 그것은 즉시 우리가 가진 단점으로 변하게 된다. 인간관계는 복잡 미묘하여 타인의 본모습을 알기 어렵다. 설령 그것을 안다 해도 극히 일부분일 뿐이므로 그것만으로 판단을 내릴 수는 없다. 어떤 일이든 주관적인 추측만으로 판단하거나 말하지 않아야 한다. 특히 뒤에서 타인을 비판하는 것은 절대 금물이다.

주자는 "수구여병(守口如瓶)하고 방의여성(防意如城)하라"고 했다. 이는 "병에 마개를 막듯 침묵하고, 성을 지키듯 뜻을 지켜라"는 의미이다. 침묵을 지키기는 어려운 일이다. 부득이하게 자신의 의견을 밝혀야 할 상황이라 하더라도 신중하고 조심해야 하는데 이는 자신의 안전과 품행을 지탱하는 일종의 안전핀이다. 한번 입 밖으로 나온 말은 병에 든 물을 쏟은 것과 같이 다시 주워 담을 수 없다.

다른 사람의 옳고 그름을 말하지 말고, 자신의 비밀 역시 말하지 않는 것이 좋다. "자신의 마음을 모두 밝히지 말고 단지 3퍼센트만 말하라"라는 말이 있다. 이것은 타인으로부터 자신을 보호하는 방법이다. 사람은 모두 적지 않은 비밀을 가지고 살아가는데, 우리는 일시적으로 자신의 감정과 생각을 타인에게 다 털어놓고 싶은 충동을 느끼게 된다. 이를 참지 못하면 자신만의 비밀이 타인에게 새어나가게 되어 스스로 불행을 자초하게 된다. 무의식적으로 자신의 마음을 털어놓았다고 생각했던 것이 사실은 다른 사람이 만들어놓은 함정일 수도 있다. 그만큼 세상은 복잡하다. 말을 아껴야 하는 이유는 다음과 같다.

첫째, 진정한 우정은 경쟁을 포기하거나 경쟁이 서로에게 전혀 도움이 되지 않는다고 생각했을 때만 존재한다. 경쟁관계라면 서로에 대한 진실한 마음과 감정이 다음날 당황과 번뇌로 변할 것이다. 이것은 인간의 본성이므로 사람이 변화시킬 수 있는 것이 아니다.

둘째, 세상 도처에 투쟁과 모순이 충만하며, 사회 도처에 소인(小人)과 함정이 도사리고 있다. "군자는 소인을 이기지 못한다"는 속담이 있다. 조그만 말실수로도 공격과 비난의 대상이 되고, 위험한 지경에 이르기도 한다. 진정한 친구를 사귀기는 쉽지 않다. 일시적인 통쾌함을 위해 잘 알지도 못하는 사람에게 자신의 이야기를 털어놓는다면 그 결과는 어떻겠는가? 인간관계가 깊지 않은 상대에서 자신의 비밀을 말한다면, 이는 자신의 수양이 부족하다는 것을 알려주는 것과 같다. 상대는 우리에 대해 깊은 이야기를 나눌 만한 사람이 아니며, 분별력 또한 갖추지 못했다고 생각할 것이다. 진심 어린 말과 행동들이 때로는 상대를 불쾌하게 할 수도 있다.

3퍼센트만 말하는 것은 결코 교활하거나 불성실한 태도가 아니라 일종의 수양이다. 대화를 할 때는 항상 상대방이 어떤 사람인지를 살펴야 한다. 신뢰할 만한 사람이 아니라면 3퍼센트의 말도 이미 많이 한 것이다.

한마디 말에 중점을 둬라

말재주를 높이는 방법을 연구하는 동시에 적게 말하는 법도 배워야 한다. 풍류는 대화에서 나오는 것이 아니라 신비감에서 나오는 것이다. 말재주가 좋다는 말의 진정한 의미는 한마디 말이 열 마디, 심지어 백 마디 말보다 더 가치가 있다는 뜻이다. 여기서 우리가 지켜야 할 원칙은 장소를 불문하고 말할 때는 내용, 의미, 문맥, 음조와 자태에 주의를 기울여야 한다는 것이다.

어떤 사람이 친구 네 명을 식사에 초대했다. 다른 친구들은 모두 도착했는데, 한 친구가 식사 시간이 되었는데도 나타나지 않았다. 주인은 더 이상 참지 못하고 "꼭 도착해야 할 친구가 왜 아직도 오지 않는 거야"라고 짜증스럽게 말했다. 그 말을 들은 A는 '그러면 오지 않아도 되는 친구는 벌써 왔다는 뜻이잖아'라고 오해하고는 얼굴을 붉히며 주인에게 한마디 말도 없이 떠나버렸다. 그 모습을 보고 당황한 주인은 황급히 "가지 말아야 할 친구가 가버렸네"라고 탄식했다. 그 말을 들은 B는 '그건 떠나야 할 사람은 아직 떠나지 않았다는 말이잖아'라고 오해하며 역시 화를 내고는 떠나버렸다. 주인은 다급하게 B를 따라가며 "너에게 한 말이 아니야"라고 소리쳤다. 곁에 있던 C가 이 말을 듣고는 'B한테 한 말이 아니면 나한테 한 말이란 말인가'라고 오해하고는 역시 집으로 돌아갔다. 결국 주인은 식사 테이블에 수많은 음식을 놓아두고 홀로 남게 되었다.

말하는 방식에 따라 결과가 달라진다. 말을 잘할 경우 적게는 생활에 즐거움을 불러일으키고, 크게는 나라를 흥하게 할 수 있다. 하지만 그 반대로 말실수를 했을 경우 원한을 불러일으키고, 나라를 망하게도 할 수 있다. 말을 많이 할수록 실수할 확률은 높아진다. 학문이 깊은 사람은 함부로 말을 하지 않는 데 반해 속에 든 것이 없는 사람은 허튼소리를 즐겨한다. 비록 침묵을 지킴으로써 다른 사람에게 문화 수준이 낮은 사람이라는 오해를 사더라도 굳이 말을 떠벌려서 자신의 수준이 낮다는 것을 명백히 입증할 필요는 없다. 우리가 하는 말이 상대방의 흥미를 유발하고, 무게감을 느낄 수 있도록 하는 비법은 적게 말하는 것이다. 그러면 말의 가치가 더욱 높아질 뿐만 아니라 다음에 할 말을 생각할 시간도 확보할 수 있다.

미국의 제30대 대통령 캘빈 쿨리지는 입이 무거운 것으로 유명해 국민들에게 '침묵의 캘빈'으로 불렸다. 어떤 사람은 그를 "소금물에서 막 건져낸 사람 같다"라고 평했다. 이러한 비평에 관해 그는 "나는 미국 국민들이 내가 엄숙한 당나귀 같은 대통령이 되기를 원한다고 생각합니다. 나는 단지 그런 국민들의 뜻에 따른 것일 뿐입니다"라고 말했다.

대통령 임기가 끝나갈 무렵에도 그는 자신의 정치적 사명과 미래에 관한 어떤 연설도 하지 않았고, 단지 "다시 대통령이 될 생각이 없습니다"라는 간단한 성명서를 발표했다. 기자들은 대통령의 성명서에 다른 뜻이 숨어 있다고 생각하고는 그 말의 본뜻을 설명해 줄 것을 끈질기게 요청했다. 결국 그는 한 기자를 조용히 옆으로 불러 다음과 같이 말했다. "솔직히, 대통령은 승진할 기회가 없지 않소."

캘빈 쿨리지가 엄숙한 당나귀가 되길 원한 이유는 사회에서 말을 할 때 사람, 시간, 장소의 제약을 받는다는 것을 깊이 알고 있었기 때문이다. 적당한 사람이 아니면 말하지 말자. 적당한 사람이지만 적당한 시기가 아닐 때도 말하지 말자. 적당한 사람이고, 적당한 시기이지만 적당한 장소가 아닐 때는 말하지 말자. 적당한 사람이지만 진실을 말할 적당할 시기가 아닐 때는 3퍼센트의 말로 상대방에게 일종의 암시를 줄 수 있고, 상대방의 반응도 함께 살펴볼 수 있다. 사람과 시기가 모두 적당해도 장소가 적당하지 않을 경우 3퍼센트의 말로 상대방의 주의를 환기시킬 수 있다.

사귄 지 얼마 되지 않은 사람이 자신의 속마음을 솔직히 털어놓는다면 상대에게 충분히 감동을 줄 수 있다. 하지만 그가 우리뿐 아니라 다른 사람에게도 똑같은 모습을 보여준다면 그가 한 모든 말은 그 가치가 떨어질 것이다. 이런 사람과는 깊은 대화를 나누어서는 안 된다. 사귐이 얕은 사람과 깊은 대화를 나누는 것은 조심해야 하며, 그의 말에 장단을 맞출 필요가 없다. 가장 좋은 방법은 아무런 의견을 표시하지 않는 것이다.

적당한 시기를 얻는다는 것은 시기에 맞게 대화를 나누어야 한다는 의미이다. 상사가 우리에게 의견을 묻는다면 우리는 대답할 수밖에 없다. 또한 토론회에 참석하여 발언할 차례가 되었는데도 가만히 침묵을 지킬 수도 없는 노릇이다. 하지만 개인적인 말을 적게 할수록 귀찮은 일이 줄어든다. 친구 사이라도 처음에는 진정한 자신의 내면을 보이지 않는다. "길이 멀수록 말(馬)의 진가가 나타나고, 시간이 지날수록 사람의 본심을 알 수 있다"라는 속담이 있다. 식사를 몇 번 같이했을 뿐인데 자신의 불만과 불평을 서슴없이 털어놓는 사람이 있다. 이런 사람은 깊이 사귀기보다는 그저 알고 지내는 정도로 대하면 된다.

적당한 장소를 얻는다는 것은 장소에 맞게 대화를 나누어야 한다는 의미이다. 회사에서는 동료사원 간에도 경쟁과 이해관계가 존재한다. 업무 성과, 상사의 인정, 진급과 같은 이해 충돌 요소는 사원들을 항상 경쟁관계로 이끈다. 더구나 이런 경쟁은 상당 부분 개인적인 실력에 좌우되기보다는 감정이나 배경 등 외적인 요소에 영향을 받는다. 표면적으로는 모두 화기애애하고 평안한 것처럼 보이지만 속으로는 각종 이해득실을 따진다. 또한 사무실은 소문의 발상지이다. 점심시간 등 쉬는 시간에 모두 화젯거리를 만들어 긴장을 늦추려고 한다. 이때는 영화, 스포츠 등을 화제로 삼아 이야기를 나누는 것이 가장 좋으며, 민감한 문제는 서로 피하는 것이 좋다.

앞에서 설명한 세 가지 제약에 주의해 상대방으로 하여금 우리의 깊은 속마음을 파악하지 못하도록 해야 한다. 구체적인 방법으로는 먼저 개인적인 약점을 드러내지 말고, 자신의 욕망과 목적을 쉽게 발설하지 말아야 한다. 또한 자신의 재주를 함부로 보이거나 너무 솔직하지 않아야 한다.

상대방이 우리의 속마음을 파악하지 못한다면 우리를 이용하거나 함정에 빠뜨리지 못한다. 따라서 타인의 행동을 냉정하고 객관적으로 판단할 수 있어야 한다. 상대방이 평소와 다른 행동을 보이는 것은 평소와 다른 의도가 있기 때문이다. 이런 상대방의 행동과 자신의 현재 상황을 함께 생각해 본다면 상대의 의도를 미루어 짐작할 수 있다.

적당히 대화하는 법

문제 해결을 요청받았지만 문제 자체가 명확하지 않아 본질이 무엇인지를 좀 더 살펴볼 필요가 있을 때가 있다. 이때 주위 상황이 어떻게 변하는지를 살펴보아야 한다. 이러한 상황에서는 자신의 태도를 직접적으로 표현하거나 지나치게 극단적으로 말하지 않아야 한다. 실질적인 문제는 회피하고 중요하지 않은 내용만을 선택하여 모호한 태도를 취하라. 또한 차 바퀴가 굴러가듯이 말을 빙빙 돌려라. 이런 방법은 민감하고, 복잡한 문제를 대하는 데 탁월하다. "각각의 상황에 따라 문제의 해결책은 다릅니다." 혹은 "이 문제는 조금 더 파악할 필요가 있으므로 지금 대답할 수 없군요"라고 말하는 것이다. 모호한 태도를 보임으로써 문제를 좀 더 자세히 생각하고, 신중하게 결정할 수 있는 시간적 여유를 가지게 된다. 한편 상대방은 좀 더 생각해 볼 여지가 있으므로 일단 안심하게 될 것이다.

한번 뱉은 말은 주워 담을 수 없으므로 자신의 위신과 명성에 영향을 줄 뿐만 아니라 비즈니스와 인간관계에서 손실을 초래할 수 있다. 문제 해결을 부탁한 사람은 마음속으로 큰 기대를 품고, 자신이 부탁한 일을 원만하게 해결해 주기를 바란다. 마음의 준비가 되지 않은 상태에서 거절을 당하면 실망감으로 인해 심리적인 안정을 유지하기 어렵다. 또한 감정을 다스리지 못해 타인과 원활하게 교류하지 못한다. 하지만 직접적으로 거절하지 않는다면 아직 문제를 해결할 희망이 있다고 생각하게 되므로 더욱 노력할 것이며, 문득 예기치 않은 기회가 찾아와 상황이 개선될 수도 있다.

그러나 모든 일에 모호한 태도를 취하라는 뜻은 아니다. 태도를 명확히 밝혀야 하는 상황에서 모호한 태도로 일관하는 것은 잘못이다. 그러면 어떤 일에 부딪혔을 때 또한 어떤 상황에서 모호한 태도를 취해야 할까?

예로 우리가 대답하고 싶지 않은 것을 상대방이 끊임없이 물어보거나, 대화하기를 꺼려하는 주제를 꺼낼 때가 있다. 이럴 경우에는 애매모호한 대답을 하거나 앞에 했던 말을 반복하면 된다. 동일한 질문에 두 번씩이나 같은 대답을 듣게 된다면 더 이상 물어보지 않을 것이다. 여전히 포기하지 않고 계속 물어본다면 동일한 대답을 다시 들려준다. 상대방도 대답을 듣기 어렵다고 생각하고는 포기할 것이다. 차 바퀴가 굴러가는 것과 같은 대화 방식이 바로 이것이다. 그러면 어떻게 해야 대인관계에서 적당히 대화하는 방법을 습득할 수 있을까?

첫째 상황이 불명확할 경우, 딱 잘라 말하지 말고 말을 돌린다. 모든 일에는 변화하고 발전하는 과정이 있다. 상황에 따라 상당히 긴 변화가 필요한 일도 있다. 특히 사태 초기에는 실질적인 문제가 드러나지 않았기 때문에 현재 상태만으로는 좋고 나쁨, 이익과 병폐, 승리와 패배 등을 판단하기 어렵다. 따라서 어느 정도 시간을 두고 지켜볼 필요가 있으므로 결코 경솔하게 행동하지 않아야 한다.

부득이하게 의견을 피력해야 할 때는 모호한 태도를 보이는 것이 가장 좋다. "이 일은 처리하기가 비교적 까다롭습니다. 상황을 한번 지켜보기로 하지요"라고 말한다면 위기를 모면할 길을 충분히 확보할 수 있다. 전문가는 자신의 의견을 직접적으로 밝히지 않고 유머와 고사를 인용해 상대방이 그 뜻을 임의로 해석하게 만든다.

둘째 상황을 충분히 파악하지 못했을 때는 신축성 있게 말을 돌린다. 이때는 상대방의 요청을 쉽게 승낙하지 않는다. 승낙할 때도 다시 회수할 수 있도록 신축성 있게 말해두는 것이 좋다. 예로 "최선을 다하겠습니다" 혹은 "최대한 노력해 보겠습니다", "가능하다면" 등 비교적 신축적인 말을 사용하여 승낙하는 것이 바람직하다. 하지만 의혹을 남길 만한 말일 경우 상대방의 신임을 얻을 여지는 그만큼 적어진다.

직장 상사가 당신에게 중요한 프로젝트를 맡겼는데, 정해진 시간 내에 완성할 수 있을지 모를 경우를 가정해 보자. "확실히 시간 내에 완성하겠습니다"라고 큰소리를 쳤는데도 그 약속을 지키지 못했다면 상사는 당신에 대한 신뢰감을 상실할 것이다. 하지만 "최선을 다하겠습니다"라고 말한다면, 정해진 시간 내에 프로젝트를 완성하지 못했어도 상사의 태도는 큰소리 친 경우와는 다를 것이다.

셋째 혼자 힘으로 해결할 수 없는 문제일 경우에는 전제 조건을 제시한다. 자신이 단독으로 완성할 수 없는 프로젝트는 타인의 도움이나 정책적인 지원 등 다양한 전제조건이 충족되어야 원만하게 프로젝트를 수행할 수 있다는 사실을 사전에 말해 두어야 한다.

차가운 진실, 따뜻한 거짓말

거짓말을 잘 못하는 사람은 거짓말을 할 때 타인에게 속마음을 들킬까 봐 자신도 모르게 긴장하게 된다. 그러면 표정이 부자연스러워지고 말도 더듬거리게 된다. 정도가 심한 사람의 경우 갈팡질팡하고 손발이 제멋대로 움직이기도 한다. 거짓말은 다른 사람을 기만하는 행위이지만, 모든 거짓말이 다 악의로 가득 찬 것은 아니다. 상황에 따라 거짓말이 필요할 때도 있다.

한 여자가 이웃 사람에게 근처 세탁소의 서비스가 좋지 않다고 불만을 쏟아냈다. 그 이웃 사람이 자신의 불만을 세탁소 주인에게 전달하기를 바랐던 것이다. 다음날 그녀가 세탁소를 방문했을 때 세탁소 주인은 그녀를 반갑게 맞아주었다. 그러고는 그녀의 옷을 가장 먼저 다려주고 요구사항과 개선할 점을 물어보았다. 그녀는 이웃 사람에게 그 일을 이야기하며 자신의 불만을 세탁소 주인에게 전달한 일이 정말 효과가 있었다고 말했다. 그러자 이웃 사람은 "난 당신이 나에게 한 말을 세탁소 주인에게 전하지 않았어요. 단지 세탁소 주인에게 당신이 그의 직업정신을 존경하고, 이 세탁소가 가장 좋은 세탁소 중의 하나라고 생각한다고 말해 줬을 뿐이에요"라고 말했다.

차가운 진실은 6월에도 추위에 떨게 만들고, 따뜻한 거짓말은 한겨울에도 따뜻함을 느낄 수 있게 한다. 하지만 그런 거짓말의 전제는 이타심이지 이기심이 아니다. "거짓말은 보통 사람을 통제하는 수단이며 동시에 지혜를 기르는 중요한 요소"라는 말이 있다.

거짓말은 야심가가 권력을 획득하고 유지하는 데 수차례 도움을 주었다. 거짓말에 능숙하면 권력과 재물, 지위를 얻을 수 있다. 『군주론』의 저자 마키아벨리는 그가 모신 왕자에게 "거짓말을 잘하는 사람이 돼라"고 건의했다.

추도회장에서의 고인에 대한 아름다운 발언들은 모두 거짓말이며 묘지와 묘비에 새겨진 말도 따지고 보면 거짓말이다. 대인관계에서 거짓말은 우애를 증진하고, 서로간의 충돌을 완화하며, 여러 가지 마찰을 줄여준다. 파티에서 손님이 자리를 떠나면서 건네는 "오늘 정말 즐거웠습니다"라는 말이 비록 거짓말일지라도 그것은 모든 사람들을 기쁘게 한다. 거짓말을 하지 않는다면 어떻게 될까? 침울한 표정으로 주인에게 다가가 "이렇게 따분한 파티는 처음이에요. 여기 온 걸 후회해요"라고 말한다면 어떻게 되겠는가? 아마 세계대전보다도 더 참혹한 광경이 눈앞에 펼쳐질 것이다.

찬양과 아첨은 비록 거짓말이라 하더라도 우리를 즐겁게 한다. 사실만을 근거로 다른 사람을 찬양할 필요는 없다. 오히려 최대한 과장되게 찬양하면 상대방은 더욱 기뻐한다. 찬양과 아첨 이외에 다른 형태의 거짓말이 있는데, 바로 위로의 말이다. 심리학자들은 위로와 칭찬의 말이 심리적 스트레스를 줄여주고, 사교성에 영향을 미쳐 인간관계를 원활하게 이끌어준다고 말했다.

한 편집자가 까다롭기로 유명한 작가에게 원고를 청탁하게 되었다. 편집자는 작가의 집에 도착하기도 전에 이미 긴장한 상태였다. 작가가 무슨 말을 하든지 편집자는 '예' 혹은 '아마 그럴 겁니다'라는 말로 일관했고, 이렇게 두 사람의 첫 만남은 껄끄럽게 끝났다. 편집자는 심지어 작가에게 원고 청탁에 관한 말조차 꺼내지 못했다. 편집자는 다음 기회에 다시 요청하기로 하고 이번 방문을 마무리하기로 했다. 그 순간 한 잡지에서 그 작가를 인터뷰한 기사가 그의 머리를 스쳤다. 편집자는 작가에게 물어보았다. "보도에 의하면, 선생님의 한 작품이 영어로 번역되어 미국에서 출판된다고 하던데 사실입니까?" 작가가 그렇다고 하자 편집자가 다시 물었다. "어떻게 선생님의 독특한 문체를 영어로 완전히 표현할 수 있겠습니까?" 작가는 "그 점을 지금 고민하고 있습니다"라고 말했다. 이런 말을 주고받는 사이에 대화 분위기는 점점 부드러워졌고, 마침내 작가는 편집자의 원고 청탁을 기꺼이 받아들였다.

편집자의 한마디 물음이 어떻게 해서 까다로운 작가의 태도를 바꾸었을까? 편집자의 선의의 거짓말로 인해 모두에게 피곤한 일로 여겨지던 대화가 즐거운 일로 바뀌었기 때문이다.

거짓말을 할 때는 반드시 선의의 의도가 있어야 하며, 적당한 때에 멈출 수 있어야 한다. 일단 거짓말이 탄로 나면 아무리 사소한 것이라 해도 신뢰를 상실하게 되며 더 이상 교류를 하기가 어려워진다.

질시의 함정을 멀리하라

"다른 사람이 당신을 방해하고, 공격하기를 원한다면 다른 사람보다 더 우월한 점을 보여주어라"라는 말이 있다. 이 말 속에는 질투의 의미가 담겨 있다. 한 철학자는 제자들에게 "다른 사람보다 총명해야 한다. 하지만 네 자신이 다른 사람보다 총명하다는 사실을 다른 사람에게 알리지 말라"고 가르쳤다. 비교가 있으면 차이가 있고 그렇게 되면 반드시 질투가 생기게 된다. 질투는 당신에게 각종 불필요한 일과 논쟁을 불러일으킬 것이다. 어떻게 하면 자신을 마케팅하는 과정에서 다른 사람의 질투를 피하고, 사람들 사이에 생기게 마련인 질시의 소용돌이에 말려들지 않을까.

먼저 겸손한 태도가 중요하다. 다른 사람이 수행하지 못했던 프로젝트를 혼자 완성했다고 하자. 그후 당신이 종종 "내가 이번 프로젝트를 성공시킬 수 있었던 것은 적극적으로 일했기 때문입니다"라고 말한다면 사람들은 당신의 능력을 인정하면서도 질투심을 느끼게 된다. 그 대신 "내가 이번 프로젝트를 해결할 수 있었던 것은 앞서 동료사원들이 쌓아두었던 기초 때문이며, 그 이외에 다른 사람의 적극적인 도움이 있었기 때문입니다"라고 말해 보자. 동료사원들은 자신의 공로를 잊지 않았다고 생각할 것이다. 그리고 자신도 다른 사람의 적극적인 도움이 있었다면 그 프로젝트를 성공적으로 마무리했을 것이라는 위안을 가지게 된다. 자신의 성공을 겸손하게 이야기하고, 기쁜 표정을 지나치게 드러내지 않으면 여유로운 모습을 보여줄 수 있다.

1957년 마오쩌둥이 소련을 방문했을 때, 모스크바 비행장에서 호치민과 포옹으로 인사를 대신했다. 그러고는 옆에 있던 흐루시초프에게 "우리는 친척이다"라고 말했다. 흐루시초프는 '우리'라는 말의 깊은 뜻을 알고 있었다. 그는 얼굴 가득 웃음을 머금고 있었지만 마음은 씁쓸했으며, 마오쩌둥의 공산당과 베트남의 노동당 간의 특수한 관계를 질시하고 있었다. 당시 사회주의 진영에서 소련은 '큰 형님'으로 통하고 있었다. 하지만 가장 큰 공산국가인 중국의 마오쩌둥과 호치민이 관계를 맺는다는 것은 소련이 열세에 직면하게 됨을 의미했다. 더구나 마오쩌둥과 호치민이 서로 친척관계라고 하면 소련과 베트남의 관계에서 베트남이 대부분의 주도권을 행사하게 될 것이었다. 장소를 불문하고 대중 앞에서 자신과 타인의 밀접한 관계를 지나치게 드러내지 않는 것은 매우 중요한데, 이는 대인관계를 잘 정립하기 위한 핵심사항이다.

한 일본학자의 연구에 의하면 질투 심리를 부정하는 조건 가운데 하나는 어렵게 노력하여 얻은 성과라고 한다. 자신이 어렵게 노력하여 얻은 결과라면 다른 사람에게 고난의 과정을 알려줌으로써 타인의 동정심을 불러일으킬 수 있다.

다른 사람의 질시하는 감정을 자극하지 않음으로써 동료사원, 친구, 주위 사람의 적개심과 거리감을 줄여 사회에서 우위를 점유할 수 있다.

유머, 무한한 매력의 힘　6

뛰어난 지혜와 용기, 그리고 유머 감각만 있으면
어떠한 위험에서도 벗어날 수 있다.

침착함이 방법을 만들어준다

사회생활을 하다 보면 누구나 한 번쯤 사교 장소에서 본의 아니게 난처한 상황에 부딪치는 일이 있을 것이다. 이와 같은 상황에서 마음을 평온히 유지하여 대처하는 방법을 배워보도록 하자.

첫째 난처한 상황에서도 침착함을 유지하라.

난처한 상황에서 무엇보다 필요한 것은 침착함이다. 순간적으로 얼굴이 붉어질 수 있으나, 절대로 마음만은 산란해지지 않아야 한다. 사태를 수습하는 데 전혀 도움이 되지 않을뿐더러 다른 사람에게 유약하다는 인상을 심어주게 된다.

둘째 쉽게 변명하지 말라.

자신의 실수를 빨리 인정할수록 타인의 이해를 얻기 쉽다.

셋째 피하지 말고 용감히 부딪쳐라.

난처한 상황이 이미 발생한 이상 그 자리를 회피할 생각은 버리고 용감히 부딪쳐 그 상황을 돌파하라.

넷째 임기응변에 능숙하게 대처하라.

그러면 난처한 상황을 오히려 자신을 알릴 수 있는 기회로 이용할 수 있다.

다섯째 신속하게 현장을 벗어나라.

난처한 상황에 맞서 싸울 용기가 없다면 신속하게 현장을 벗어나는 것이 최고이다. 천성적으로 마음이 약한 사람이라면 난처한 일이 발생할 가능성이 예견될 때 또는 발생할 낌새가 조금이라도 보일 때 그 즉시 현장을 벗어나라.

여섯째 상대의 계책을 이용하여 상대를 속이고, 불리한 국면을 유리한 국면으로 전환하라.

유리함과 불리함은 상대적인 개념이다. 문제의 핵심만 잘 파악하면 불리한 국면을 유리한 국면으로 전환할 수 있다.

일곱째 난처한 국면을 다른 곳으로 이동시켜라.

중국 의학의 지압요법 가운데 이통법(移痛法)이 있다. 이통법이란 두통이나 치통이 심한 경우 혈을 눌러서 새로운 흥분점을 만들어 원래의 통증 감각을 줄이거나 없앰으로써 신체의 균형을 유지하는 치료 방법이다. 난처한 국면에 부딪쳤을 때 우리는 이런 이통법을 적용해 볼 수 있다. 난처한 국면을 다른 난처한 국면으로 회피하는 것이다. 여기서 자신이 다른 난처한 상황의 대상이 될 필요는 없다. 다른 사람이 난처한 상황에 빠지도록 유도할 수 있다. 하지만 상대방이 유쾌하게 한 번 웃는 정도로 끝낼 수 있어야 한다.

여덟째 약한 모습을 보여라.

인간은 보편적으로 약자를 동정하게 마련이다. 난처한 상황에 부딪쳤을 때 그 즉시 깊이 후회하고 괴로워하는 표정을 얼굴에 담아 과장된 반응을 보여라. 타인으로 하여금 지금 당신은 심리적으로 부서지기 쉬운 상태이고, 자존심이 심하게 무너졌다고 생각하게 만들어라. 이런 상황에서는 더 이상 상대방을 추궁하지 않게 되고 난처한 상황도 그쯤에서 종결된다.

아홉째 교묘하게 반격하라.

이 방법을 선택할 때는 최대한 신중해야 한다. 먼저 상대방의 신분을 고려한 다음 환경과 반격의 강도를 파악해야 한다. 사실 누구든지 난처한 상황에 빠질 때가 있다. 한 번 웃고 넘길 수도 있는 상황을 심각한 분위기로 몰고 갈 필요는 없다. 따라서 반격을 결정하기 전에 자기 스스로 반격의 목적이 어디에 있는지를 깨달아야 한다. 반격의 목적이 단순히 난처한 국면을 벗어나기 위한 방편이며, 그로 인해 다른 사람이 상처를 받게 된다면 포기하는 것이 옳다. 반격을 할 때는 자신에게 이로운 한편 타인에게도 상처를 입히지 않아야 한다.

효과적인 사과의 기술

사회생활을 하다 보면 의도하지 않게 다른 사람에게 죄를 지을 때가 있다. 이 일로 인해 서로 감정이 상하게 되면 심할 경우 인간관계가 단절될 수도 있다. 최상의 해결책은 자신의 잘못을 인정하고 사과하는 것이다. 단지 '죄송합니다'라는 한마디로 용서를 구할 수 없다. 여기에도 일정한 기술이 필요한데, 어떻게 사과하는 것이 효과적일까?

첫째 책임을 지는 용기를 가진다.

사과할 때는 우선 책임을 지고자 하는 진실한 마음과 용기가 필요하다. 사과는 한번 자존심을 굽히는 것으로 끝나는 일이 아니라 사과하는 사람의 인격과 수양을 나타내는 것이다. 전국시대 부형청죄(負荊請罪)의 고사를 통해 이 말의 의미를 살펴보자.

전국시대 조나라 혜문왕의 신하 가운데 인상여라는 문관과 염파라는 무장이 있었다. 인상여는 조나라 왕을 따라 진(秦)나라로 건너가 교만한 진나라 왕을 매번 위기에 빠뜨렸다. 또한 그 공으로 상경(종1품)에 임명되었는데, 그 명성이 염파를 능가했다. 훌륭한 전공을 올린 염파는 인상여가 자신보다 직책과 명성이 높은 것에 불만을 품고 도처에서 허세를 부리며 "나는 조나라를 위해 죽음을 무릅쓰고 많은 전공을 세웠으나, 비천한 출신의 인상여는 세치의 혀를 움직여 나보다 더 높은 직책을 얻었다. 이후 내가 인상여를 만난다면 사람들 앞에서 반드시 모욕을 주겠다"고 말했다.

인상여는 이 말을 듣고 염파를 피하기 시작했다. 인상여가 염파를 피하자 그의 부하들은 자신들의 체면조차 서지 않는다고 의견이 분분했다. 인상여는 이 말을 듣고 부하들을 모아 물어보았다.

"진왕의 위세가 사나운가? 아니면 염파의 위세가 사나운가?"

부하들은 이구동성으로 대답했다.

"염파가 어찌 진왕에 비할 수 있겠습니까."

그러자 인상여가 말했다.

"진왕의 위세가 사나운 것은 모든 사람이 다 아는 사실이지. 하지만 나는 천하를 울리는 진왕도 두려워하지 않는데, 어찌 염파 장군을 두려워하겠는가? 내가 염파 장군과 충돌하지 않는 것은 조나라의 이익을 중요시 여기기 때문이다. 진나라가 조나라를 침범하지 않는 것은 나와 염파 장군이 있기 때문인데, 우리 두 사람이 서로 다툰다면 반드시 한 사람은 다칠 것이다. 그러면 조나라가 위기에 처하게 되니, 내가 염파 장군을 피하는 것은 조나라를 위하기 때문이다."

이 말은 염파의 귀에까지 전해지게 되었다. 그는 자신의 언행을 부끄러워하며 잘못을 크게 깨달았다. 그는 즉시 윗옷을 모두 벗은 채 가시나무를 짊어지고 인상여의 집 문 앞에서 크게 사죄했다. 그후 두 사람은 생사의 우정을 나누게 되었다.

이 고사가 오랜 세월 동안 전해 내려오는 것은 인상여의 넓은 포용력과 잘못을 인정하는 염파의 용기와 진심 어린 사죄가 깊은 감동을 주기 때문이다. 어떤 사람은 잘못을 하고서도 변명을 늘어놓거나 심지어 다른 사람에게 책임을 떠넘기기도 한다. 이런 태도로는 상대방을 진심으로 감동시키지 못한다. 먼저 자신의 잘못을 인정해야만 비로소 사과의 말을 할 수 있는 용기가 생기는 법이다.

둘째 사과할 적당한 시기를 찾는다.

　사과를 하는 데 있어서도 그 시기를 살펴야 하는데, 상대의 마음이 누그러져 있거나 기분이 풀렸을 때 하는 것이 좋다. 마음이 평온할 때 사람을 대하는 태도가 너그러워지므로 사과를 쉽게 받아들일 수 있다. 사과의 시기가 빠를수록 좋은 것은 물론이다. 또한 사과할 장소도 중요한데, 상대를 직접 방문하는 것이 가장 좋다. 그것이 여의치 않다면 조용한 장소를 따로 마련한다. 서로의 마음을 가라앉힐 수 있는 곳에서 진심으로 사과의 마음을 전한다면 화해의 분위기를 만들 수 있다.

셋째 매개체를 이용한다.

　서로 강을 사이에 두고 떨어져 있을 때 다리와 배가 발명되었듯이, 매개체를 이용하여 멀어진 마음에 가까이 다가갈 수 있다. 직접 사과하는 것이 여의치 않다면, 전화나 편지로 마음을 전할 수 있다. 또한 친한 친구나 회사 동료를 통해 사과의 마음을 전할 수 있다. 간접적으로 먼저 사과한 후 적당한 시기에 직접 방문하여 다시 한 번 사과의 마음을 표시하면 된다.

넷째 인내심을 가진다.

　자신의 실수가 상대방에게 아픔을 주었을 경우에는 진실한 마음뿐만 아니라 인내심이 필요하다. 한번 사과해서 받아들여지지 않으면 다시 사과하고, 그래도 받아들여지지 않으면 또다시 사과한다. 자신의 인내심이 한계에 왔을 때 상대방의 입장에서 다시 한 번 생각해 보자. 과연 자신에게 깊은 상처를 준 사람을 쉽게 용서할 수 있겠는가? 한 방울의 물이 바위를 뚫을 수도 있다. 인내심을 가지고 진심으로 사과하면 언젠가는 상대도 마음을 열게 된다.

다섯째 유머 감각으로 분위기를 전환한다.

한 학자가 연회장에서 한 여자를 만나 대화를 하게 되었다. 대화 도중 실수로 "지금 나이가 몇 살입니까?"라고 물어보았다. 그 순간 그녀는 싫어하는 기색을 보이며 "무엇 때문에 제 나이에 관심을 보이세요?"라고 되물어보았다. 비록 그 학자는 자신이 예의에 어긋나는 질문을 했다는 것을 금방 깨달았으나, 그 즉시 사과하기도 어색하여 "여인이 가장 아름답게 빛나는 시기가 어느 연령인지를 알고 싶어서입니다"라고 대답했다. 이 말을 듣고 그 여자는 이내 불쾌한 감정을 풀었다.

재치있는 농담을 의미하는 유머는 사람들에게 웃음을 선사하는 것 외에 수많은 효용 가치를 지니고 있다. 유머는 우리의 인격, 풍모, 매력을 나타내는 한 방편으로 활용할 수 있다. 의외의 상황에 부딪쳐 당황하거나 직접적으로 대답하기 곤란한 질문을 받았을 때 익살스러운 유머로 곤경에서 벗어날 수 있다.

아일랜드 극작가이며 문학비평가인 조지 버나드 쇼는 "유머는 일종의 원소로서 화합물이 아니며, 완제품은 더더욱 아니다"라는 말을 남겼다. 비록 유머는 사람들에게 온화한 웃음을 선사하며 그 웃음의 의미가 두드러지게 나타나지는 않지만, 그 속에는 지혜와 낙천적인 사상이 담겨 있다. 유머는 인간의 사상, 경험, 지혜, 영감 등을 압축하여 표현한 언어문학의 정화이다.

제1차 세계대전이 발생한 지 오래되지 않아, 처칠 수상은 미국 출신의 한 여권운동가의 방문을 받았다. 처칠 수상은 그녀를 열렬히 환영했다. 대화의 주제가 여권신장 문제로 이어지자 그녀는 처칠 수상에게 자신이 중의원의 첫 여성 의원이 될 수 있도록 도와줄 것을 부탁했다. 처칠이 그녀의 생각과 관점에 적극적인 동의를 표하지 않자, 화가 난 그녀는 "내가 당신의 부인이었더라면 당신의 커피에 독을 넣었을 겁니다"라고 말했다. 그러자 처칠은 온화한 태도로 말했다. "내가 당신의 남편이었더라면 망설이지 않고 독이 든 그 커피를 마셨을 것입니다."

유머의 주요 조건은 풍자에 있다. 풍자란 단지 익살스럽고 우스꽝스러운 것만이 아니라 내용과 형식, 현상과 본질, 희망과 결과 등의 내자적인 모순을 표현함으로써 의미심장한 의미를 담고 있다. 말하자면 풍자는 일종의 고상한 웃음이라고 할 수 있다. 처칠 수상의 다른 일화를 살펴보자.

제2차 세계대전 도중 처칠이 소련과 연합하여 독일에 대항할 것을 강력히 주장하는 연설을 했다. 한 기자가 왜 스탈린을 위한 연설을 하느냐고 물어보았다. 처칠은 조금도 주저하지 않고 대답했다. "히틀러가 지옥을 침범했다면 악마를 위해 역시 연설을 했을 것입니다."

정식으로 그 이유를 설명하자면 얼마나 많은 말을 해야 할지 모르는 상황이 있다. 또한 듣는 사람이 그 말을 이해한다고 장담할 수도 없다. 유머에는 심리적 특성이 있다. 오랜 세월 생활을 영위하는 과정에서 형성된 것이다. 일상생활에서 일어나는 일들을 자세히 살펴보면 유머의 소재를 찾아볼 수 있을 것이다. 생활에 대한 영감이 있어야만 유머를 이해할 수 있을 뿐 아니라 구사할 수도 있다.

유머는 대부분 극단적인 어휘 대신 평탄하면서도 함축적인 용어를 사용해서 미소를 자아내게 한다. 하지만 특수한 상황에서는 예리한 통찰력을 보이기도 한다. 마크 트웨인이 한 프랑스의 명인(名人)을 방문한 적이 있는데, 그 사람은 미국의 역사가 짧은 것을 비웃으며 "미국인은 무료할 때면 가끔 그들의 조상을 회고하는데, 그들의 조부에 이르러 어쩔 수 없이 그만두어야 한다"고 말했다. 이에 마크 트웨인은 "프랑스인은 무료할 때면 항상 그들의 부친이 도대체 누구인지 알려고 노력한다"라고 말했다. 이처럼 유머는 몇 마디 말로 숨기고 싶어하는 것들을 폭로하는 통찰력을 가지고 있다.

유머를 사용할 때 주의할 점은 분수에 맞게 말하는 것이다. 유머와 농담은 다르다. 농담도 형식은 유머와 비슷하지만, 그 경계는 상당한 차이가 있다. 농담은 깊은 의미 없이 그저 웃음만을 자아내게 할 뿐이다. 유머는 재치있는 행동, 언어, 문장과 그것을 표현하는 능력을 포함하는 개념으로 곤란한 생활상을 바탕으로 창조된 일종의 문명이다.

유머는 교량과 같다. 사람과 사람 사이의 거리를 가깝게 좁혀주고 그 간격을 메워준다. 대인관계의 발전과 비즈니스의 성공을 기원하는 사람에게는 꼭 필요한 동력이 바로 유머이다. 또한 유머는 사회문화적 환경을 기반으로 형성되며, 사람과 사회 모두 상당한 자유가 보장될 때 발전한다.

빠져나갈 길을 만들어놓자

살다 보면 부끄러운 일을 당하거나 난처한 상황에 직면할 때가 있다. 이때 자기 스스로 빠져나갈 길을 찾아야 한다. 시상식 계단을 올라가다 넘어졌다고 가정해 보자. 뚱뚱한 사람은 "내가 뚱뚱하지 않았다면 넘어질 때 분명히 뼈가 부러졌을 거야"라고 말할 수 있으며, 마른 사람은 "몸무게가 적게 나가지 않았다면 분명히 햄버거 속 스테이크처럼 됐을 거야"라고 말할 수 있다. 난처한 상황에 직면했을 때 빠져나갈 길을 찾는 방법을 한 일화로 살펴보자.

광둥의 무역박람회에서 한 직원이 참관자들에게 완구제품을 설명하고 있었다. 그는 먼저 자사 제품의 우수성을 설명한 후 내구성을 보여주기 위해 샘플을 하나 들고 바닥에 내던졌다. 운이 없었던지 그가 고른 샘플은 바닥에 떨어지자마자 두 동강이 났다. 주위의 참관자들은 순간적으로 할 말을 잃어버렸다. 그러나 직원은 당황하지 않고 즉시 "보십시오. 저희 회사는 이렇게 질이 낮은 완구는 팔지 않습니다"라고 말한 다음 6개 샘플을 연이어 바닥에 던져버렸다. 그런데 그 6개 샘플이 하나도 파손되지 않았다. 그 결과 완구회사 직원은 참관자들의 신임을 회복했으며, 계약을 10개 이상 성사시킬 수 있었다. 완구회사 직원의 순간적인 임기응변이 없었더라면, 계약을 한 건도 체결하지 못했을 것이다.

자조의 유머

다른 사람을 비웃기 전에 먼저 자신을 비웃어라.

우수한 사람이 열등한 사람을, 지혜로운 사람이 모자란 사람을, 아름다운 사람이 못생긴 사람을, 성숙한 사람이 유치한 사람을 비웃는 것은 일상적인 광경이다. 이때 자신을 다른 사람보다 열등하고, 모자라며, 못생기고, 유치한 사람으로 표현한다면 웃음을 유발할 수 있는데, 이것이 바로 자조의 유머이다.

자조란 문자 그대로 조롱과 풍자적인 어휘와 어감을 사용하여 자신을 비천한 수준으로 끌어내리거나 스스로를 조소하는 행위를 말한다. 그러나 자조에는 특수한 효능 가치가 있는데, 정상적인 방법으로는 표현할 수 없는 것을 표현하는 것이다.

1950년대 미국의 트루먼 대통령이 맥아더 장군을 접견했을 때의 일이다. 맥아더는 자부심이 강한 장군이었다. 회견 도중 맥아더는 담배 파이프를 꺼내 물고 성냥을 꺼내 불을 붙이려고 하면서 트루먼에게 물었다.

"담배 좀 피우려고 하는데, 괜찮겠지요?"

담배를 피울 모든 준비를 마친 상태였기 때문에 진심으로 물어본 것이 아니었다. 트루먼 대통령은 그 자리에서 안 된다고 대답한다면, 오히려 자신이 거칠다는 인상을 주게 될 상황이었다. 맥아더 장군의 오만한 태도는 트루먼 대통령을 좀 거북하게 만들었다. 그러나 트루먼 대통령은 맥아더 장군을 흘낏 쳐다보고는 이렇게 말했다.

"피우세요, 장군. 다른 사람이 지금까지 내 얼굴에 뱉은 담배연기가 어떤 미국인보다 더 많을 테니까."

상대방이 의식적으로 또는 무의식적으로 난처한 상황에 몰고 갔을 때, 자조적인 말로써 곤경을 벗어날 수 있다. 자조를 사용할 때, 우리의 자존심은 자기 자신과의 양보와 화해로 지킬 수 있다. 이때 심리적 평행을 잃지 말고, 대범한 태도를 보여주어야 한다. 아래의 몇 가지 방법으로 자조를 실행할 수 있다.

첫째 생김새에 대한 자조

링컨은 미국 역사상 유머 감각이 가장 뛰어난 대통령 가운데 한 명으로 특히 자조적인 말을 이용하여 곤경에서 벗어나곤 했다. 링컨이 못생겼다는 것은 모두 다 아는 사실로 그 자신도 그 점을 인정하고 있었다. 한번은 링컨이 다른 사람과 공개 토론을 벌인 적이 있었다. 그 사람은 링컨을 두 얼굴을 가진 이중인격자라고 공격했다. 링컨은 그 말을 듣고 이렇게 말했다. "여기 모인 청중에게 평가를 부탁합시다. 내가 또 다른 얼굴을 가졌다면, 당신이 생각하기에 내가 이렇게 못생긴 얼굴을 달고 다녔겠습니까?" 이후 링컨의 경쟁자들은 더 이상 그에게 두 얼굴을 가진 사람이라는 비난을 하지 않았다.

둘째 자신의 결점에 대한 자조

조지 버나드 쇼가 소련을 방문하고 와서 친구에게 "스스로 잘난 체하다 꼬마 아가씨에게 교훈만 들었어"라고 말했다.

"하루는 길을 걷다가 한 소련 아가씨를 우연히 만났는데, 너무 귀여워서 그녀와 한참을 같이 놀았다네. 떠나기 전에 집에 돌아가서 엄마에게 오늘 너와 같이 놀았던 사람이 바로 세계적으로 유명한 조지 버나드 쇼라고 전하라고 했지. 그러자 그 꼬마가 글쎄 내가 한 말을 따라하며 집에 돌아가서 당신 엄마에게 오늘 당신과 놀았던 사람이 바로 소련 아가씨 마사라고 전하라지 뭔가."

친구들은 이 말을 듣고 모두 웃음을 터트렸다. 우리는 이 일화에서 아무리 자신의 성취가 크더라도 사람을 대할 때는 평등해야 한다는 한 가지 도리를 깨우칠 수 있다.

셋째 경험에 대한 자조

한번은 링컨이 그의 아들과 함께 차를 몰고 가다 우연히 행진하는 한 부대를 만났다. 링컨은 아무 생각 없이 지나가는 행인 한 사람에게 "저것이 무엇입니까?"라고 물어보았다. 그 물음의 의미는 '어떤 주(州)의 병단(兵團)입니까?'라는 것이었다. 행인은 링컨이 군대를 알아보지 못하는 것으로 생각하고 거칠게 대답했다. "저것은 연방군대요. 당신 정말 바보로군." 이유도 모르고 지나가는 행인에게 바보라는 말을 들었지만 링컨은 화난 표정 없이 예의 바르게 "감사합니다"라고 인사했다. 링컨은 차 문을 닫으며 아들에게 엄숙히 말했다. "어떤 사람이 너의 면전에서 있는 그대로 말해 주는 것은 일종의 행복이다. 제길! 나는 정말 지독한 바보야."

넷째 금기에 대한 자조

존 애덤스가 대통령 경선을 벌일 때의 일이다. 한 공화당원이 존 애덤스와 경선을 벌이던 동료가 영국에서 미녀 네 명을 데려와 정부로 삼았다는 말을 그럴듯하게 했다. 게다가 2명은 그 동료가 데리고 있으며, 다른 2명은 존 애덤스가 데리고 있다고 주장했다. 이것은 매우 치명적인 스캔들이 될 수 있었다. 그러나 존 애덤스는 그것을 변론으로 불식하지 않았다. 그는 놀란 표정을 지으며 "그 말이 사실이라면 내 동료가 나를 속이고 혼자 모두 차지했군요"라고 말했다. 주위 사람들은 이 말을 듣고 모두 한바탕 웃음을 터트렸다.

이와 같은 화술은 솔직히 자신의 결백을 표시하거나 단도직입적으로 상대방의 주장을 반박하는 것보다 더 완곡하게 자신의 생각을 나타내는 것으로, 앞의 상황에 꼭 맞는 표현 방법이다.

다섯째 자신과 연관이 있는 것에 대한 자조

자기 자신 이외에 집안 형편, 생활 습관, 결함 등을 한꺼번에 연결시켜 자조할 수 있다. 이런 방법은 농후한 유머적 미감(美感)을 창조할 수 있다. 사교에서 자조를 사용할 때는 아래의 몇 가지를 주의해야 한다.

① 조금 과장되게 말한다. 자조 내용은 반은 진실이고, 반은 가짜인 것이 가장 좋으며, 적당히 과장해야만 유머 감각을 살릴 수 있다. 진실만을 말하다 보면 오히려 자신을 상하게 할 수 있다. 어떤 사람이 예의 없이 "어떻게 당신같이 아름다운 여자가 아직까지 남자 친구가 없어요?"라고 물을 때는 엄숙히 대답할 필요 없이 과장된 어조로 "그러니 시집 못 가고 있잖아요"라고 대답하면 된다.

② 가볍고 유쾌한 기분으로 자조한다. 솔직 담백하고 낙관적인 태도를 보인다. 이런 유쾌한 마음은 듣는 사람을 즐거운 웃음으로 이끌 수 있다. 비관적인 어조로 자조할 경우 단지 불쌍한 이미지와 암울한 분위기만을 만들어 결코 사람을 웃게 할 수 없다.

③ 세상을 희롱하는 태도를 피한다. 긍정적인 의미의 자조는 자조하는 사람의 강렬한 자존, 자애와 책임감을 포함한 개념이다. 마음속은 열정으로 가득 차 있지만 겉으로는 소극적인 태도로 포장하여 대인관

계를 좋은 방향으로 전환하는 것이다. 세상을 희롱하는 것은 세상에 대한 냉담, 비웃음과 무책임한 태도를 나타낸다. 자조가 이런 태도에서 나왔다면 본래의 적극적인 의미는 상실하게 되며, 상호간의 인간관계를 해칠 수도 있다.

④ 적당한 시기에 중단해야 한다. 자조는 상황에 따라 사람을 조롱하는 듯한 느낌을 줄 때도 있으므로 신중하게 사용해야 한다. 사람이 자조에 내포한 뜻을 인식한 단계에서 그만두어야 한다. 더 나아가면 오히려 좋은 효과를 보기 어렵다. 과도한 자조는 대인관계를 위기에 몰아넣을 수 있다. 자조적인 말로 상대를 비난하거나, 암암리에 비방하는 수단으로 사용하면 그 결과는 더더욱 참담할 것이다.

쓴 약 달콤하게 먹이는 법 7

하느님이 인간에게 하나의 입과 두 개의 귀를
주신 것은 많이 듣고 적게 말하라는 뜻이다.

도전을 거절한 사자

여우가 사자에게 도전장을 내밀었지만 사자는 확고하게 거절했다. 세상 물정을 모르는 여우는 사자에게 말했다.

"자네, 겁먹었나?"

사자가 대답했다.

"물론 겁이 나지. 내가 도전을 받아들이면 너는 사자와 한번 싸워보았다는 것만으로 영예를 얻을 테지만, 반대로 여우와 싸운 나는 모든 동물의 웃음거리가 되잖아."

사자의 입장에서는 싸움에서 이기든 지든 전혀 이득이 없다. 대인들은 자신보다 능력이 떨어지는 사람과의 대결을 가치 없는 것으로 여긴다. 본인보다 능력이 못한 사람과 다투는 것은 우매한 일로서, 자신의 에너지를 낭비할 뿐만 아니라 자신에 대한 상대방의 기대감마저 낮추게 된다.

어른과 어린아이가 다투는 것은 수지 타산에 맞지 않는 일이다. 어른이 어린아이에게 진다면 어린아이보다 못하다는 비난을 받을 것이며, 비길 경우에는 어린아이와 똑같다고 할 것이며, 이길 경우는 어린아이보다 조금 세다는 평을 들을 뿐이다. 명나라 때 풍몽룡의 작품에 다음과 같은 이야기가 있다.

타인에게 조금도 양보할 줄 모르는 부자(父子)가 있었다. 하루는 손님과 술잔을 기울이기 위해 아들을 시켜 성(城)에서 고기를 사오게 했다. 고기를 사서 돌아오는 도중 아들은 마주 오는 한 사람과 부딪치게 되었는데, 두 사람 모두 눈을 부릅뜨며 어느 누구도 먼저 길을 양보하려 하지 않았다.

한참을 지나도 아들이 돌아오지 않자 아버지는 아들을 찾아 나섰다. 그러고는 낯선 사람과 마주 서 있는 아들을 발견했다. 자초지종을 들은 아버지는 아들에게 말했다. "너 대신 내가 있을 테니, 너는 고기를 가져가 손님을 대접하고 있어라. 오늘 누가 이기는지 한번 해보자."

우리는 다른 사람을 설득하기 비평과 논쟁을 벌일 때가 있다. 하지만 사람은 모두 자신이 옳다고 믿고 있으므로 누구도 최후의 승자가 될 수 없다. 사람들은 자신이 본 것만을 믿으며, 자신이 본 것을 누군가 의심하면 수단과 방법을 모두 동원하여 변론한다. 말로써 상대를 궁지에 몰아넣고 도망갈 곳조차 없게 만든다면 자신의 설득력은 더욱 높아지겠지만 상대의 증오심은 더욱 커지게 된다. 자존심에 상처를 입은 상대는 말로는 인정하면서도 마음속으로는 결코 인정하지 않는다.

사람은 대립되지 않은 상황에서만 다른 사람의 의견을 받아들인다. 상대방을 책망하다 보면 자신의 뜻을 굽히기보다는 더욱 고집하게 된다. 게다가 아무런 근거 없이 자신의 생각을 고정화해 그것을 보호하기 위해 최선을 다할 것이다. 이 단계로 넘어서면 자신의 생각이 옳고 그른 것에서 벗어나 단지 자존심에 집착하게 된다. 조식은 다음과 같이 말했다.

"사람은 각자 좋아하는 것이 있다. 많은 사람들이 꽃의 향기를 좋아하지만, 해변의 어부만은 생선 비린내를 좋아한다. 많은 사람들이 〈함지(咸池)〉, 〈육영(六英)〉과 같은 음악을 좋아하지만 묵자는 그렇지 않았다. 어떻게 천하의 모든 사람이 같은 것을 좋아할 수 있겠는가?"

누구나 각자 좋아하는 것이 있게 마련이다. 다른 사람의 관점을 자신의 관점과 일치시키려는 것은 잘못이다. 논쟁을 피하려면 먼저 상대의 입장에서 출발해야 하며, 문제를 상대의 시각에서 바라보아야 한다. 이것이 바로 자신을 내세우지 않으면서 타인이 자기의 입장과 건의를 받아들이게 하는 방법이다.

다른 사람과 비평 혹은 논쟁을 벌일 때 우리가 필요로 하는 것이 표면적인 승리인지 아니면 마음에서 우러나오는 진정한 승리인지를 생각해 보자. 또한 상대에 대한 호의와 관심이 서로의 논쟁을 불러일으키는 불씨가 되는 일이 없도록 해야 한다.

우리가 항상 다른 사람과 언쟁을 벌인다면 상대를 완전히 굴복시킨다 해도 그 사람의 호감을 얻지는 못한다. 상대를 진심으로 감동시키는 길은 논쟁이 아니라 마음으로 대화하는 것이다. 사원들에게 "비평하지 말고, 논쟁하지 말라"는 지침을 내리고 있는 회사도 적지 않다. 진정한 처세의 도는 논쟁이 아니다. 인간의 생각은 논쟁으로 변화시킬 수 없다. 우리가 이 점을 잘 이용한다면 물을 만난 고기처럼 우리의 인간관계는 순탄할 것이다.

좋은 약은 입에 쓰고, 충언은 귀에 거슬린다

논쟁을 하지 말라는 말은 자신의 견해와 건의를 무시한 채 모든 일에 순응하라는 의미가 아니다. 이때 우리는 두 가지 곤경에 직면하게 되는데, 말하지 않을 경우 문제 해결에 도움이 되지 않고, 말할 경우 논쟁이 발생할 가능성이 있다. 어떤 문제에 대해 자신의 의견을 솔직히 말하고 상대방이 받아들이기를 바라지만 그 결과는 종종 자신의 생각과 동떨어질 때가 많다. 많은 사람들이 어쩔 수 없는 상황에 몰려 자신의 의견을 솔직히 밝히지만, 결과적으로 상대의 감정을 상하게 하여 일을 더욱 어렵게 만든다. 이럴 때 "좋은 약은 입에 쓰고, 충언은 귀에 거슬린다"는 옛 속담으로 자조적인 한탄만 하게 된다.

하지만 좋은 약이라고 입에 쓰고 충언이라고 해서 반드시 귀에 거슬리는 것은 아니다. 머리를 조금만 쓴다면 완곡하게 문제를 제기할 수 있다. 상대방을 심하게 자극하여 반감을 초래할 필요는 전혀 없다.

전국시대 초나라 우맹은 키가 8척으로 변론에 능한 사람이었다. 초나라 장왕에게는 애마 한 필이 있었는데, 그 애마는 비단을 걸치고, 화려한 왕궁에서 잠을 잤다. 또한 사료로는 꿀에 절인 마른 대추를 먹였는데, 나중에 너무 뚱뚱해져 그만 죽고 말았다. 장왕은 군신들에게 애마의 장례식을 대부(관직 이름)의 예로 치를 것을 명했다. 군신들 사이에는 아무리 왕의 애마이지만 죽은 말의 장례를 대부의 예로 치르는 것은 옳지 않다는 의견이 나왔다. 그러자 장왕은 더 이상 장례식 문제로 이의를 제기하는 자는 사형에 처할 것이라는 명을 내렸다. 이 사건을 듣고 우맹은 큰 소리로 울며 대전에 들어왔다. 놀란 장왕은 우맹에게 무슨 연유로 우는지를 물었다. 우맹이 대답했다.

"지금 대왕의 애마가 죽었는데, 초나라처럼 강대한 국가에서 무엇을 못 하겠습니까. 대부의 예로 장례식을 치르는 것은 그 애마를 무시한 처사이옵니다. 국왕의 예로 장례를 치르소서."

장왕은 "어떻게 하는 것이 좋겠는가?"라고 물어보았다.

우맹이 대답했다.

"꽃무늬를 조각한 아름다운 옥으로 관을 짜고 사병에게 무덤을 파게 하며, 노인과 동자들에게 무덤을 만들게 합니다. 또한 제나라와 조나라의 사신에게 장례 행렬을 따르게 하고, 사당을 지어 소, 양, 돼지로 제사를 지냅니다. 그러면 주위의 제후들은 대왕께서 사람을 업신여기고 말을 귀중히 여긴다는 사실을 알게 될 것입니다."

장왕은 그제서야 이렇게 말했다.

"나의 잘못이 그 정도에 이르렀는가? 그러면 어떻게 하면 되겠는가?"

우맹이 대답했다.

"축생들의 방법으로 매장하십시오. 솥을 관으로 삼고 생강과 대추로 간을 맞추며 향료로 비린내를 제거합니다. 또한 멥쌀을 제수용품으로 삼고, 불을 옷으로 삼아 사람의 배에다 안장시키면 됩니다."

장왕은 고개를 끄덕였다.

이 고사는 '해결하지 못할 일은 없다'는 교훈을 준다. 방법만 합당하다면 상대방은 어떤 건의도 받아들일 것이다. 다른 사람에게 권고하기에 앞서 자신의 말을 매력적으로 포장할 필요가 있다. 쓴 약도 겉을 달게 만들면 쉽게 삼킬 수 있는 법이다.

비평은 집비둘기와 같다

자신의 견해가 독특하고 행동거지가 특출하다는 것을 알리기 위해 온갖 방법을 동원하여 다른 사람을 난처하게 하는 사람이 있다. 우리가 흰색이라고 하면, 이런 사람은 고집스럽게 검은색이라고 주장한다. 위와 같은 현상은 지식인들 사이에 특히 많이 발생한다. 고의로 자신의 견해를 다른 사람과 달리 말하고 다른 사람의 의견에 맞장구치는 사람을 솔직하지 못하다고 비난한다. 말하는 것은 처세를 위한 한 방편이다. 말은 청산유수 같지만 다른 사람에게 환영받지 못한다면 그 말재주가 무슨 소용이 있겠는가? 학식과 도덕을 드러내기 위해 자신의 재주를 자랑한다면 다른 사람에게 미움을 받을 수밖에 없다.

삼국시대 명문 출신인 공융이 그와 같은 사람이었다. 당시 조조는 유비를 공격할 준비를 하기 위해 문무백관을 불렀다. 상의를 하는 도중 공융이 뛰쳐나와 출병을 극렬히 반대하면서 "유비는 황실의 종친이지만 조조는 의를 저버린 사람으로 아마 천하의 민심을 잃을 것이다"라고 말했다. 이것은 상당히 위험한 말이었다. 그러나 조조는 그저 웃으며 아무런 말도 하지 않았다. 공융은 자신이 죽을 줄도 모르고 입구로 걸어가면서 국가와 백성을 걱정하는 마음에 "가장 인의가 없는 사람이 가장 인의가 있는 사람을 공격하니 어떻게 패하지 않을 수가 있겠는가?"라고 탄식했다. 조조는 이 말을 듣고 더 이상 노기를 참지 못하고 공융의 일가족을 몰살했다.

    학식이 높았던 공융은 후대를 위해 겸손에 관한 교육학 사례집을 편찬했다. 하지만 처세의 도리를 알지 못한 채 함부로 말재주만을 믿고 나서다 결국 죽음에 이르렀다. 왕을 모시는 것은 호랑이와 함께 있는 것과 같다. 위험이 시시각각 존재한다는 것을 모르고 어떻게 평안할 수 있겠는가? 사람은 타인의 올바른 제안보다는 자신의 우매한 생각을 더 믿는다. 이 도리를 알고 있다면 타인에 대한 악담을 발설하지 않을 것이다.

    상대방이 스스로 결론을 낼 수 있도록 건의할 수 있어야 하며, 이런 것이 바로 교류이다. 의견이 달라 상대방과 대립할 때는 자신의 말이 날카로운 비수가 되어 상대의 마음을 찌르게 된다. 게다가 상대방이 물러설 여지를 주지 않고 몰아세우면 상대방의 자존심을 자극하여 더욱 강하게 반발하게 된다. 설령 좋은 의도로 말을 했더라도 어휘를 조금만 잘못 선택하면 오해를 부를 수 있다. 다른 사람을 비평하기에 앞서 비평은 집비둘기와 같아서 언젠가는 돌아온다는 사실을 반드시 기억해야 한다.

듣기 80%, 말하기 20%

자동차에 기름이 가득 차 있을 때는 더 이상 기름을 넣을 수 없다.

억지로 넣으면 기름이 흘러 넘치게 된다. 말이란 이와 같은 것이다. 우리가 말을 할 때 이미 상대의 머릿속에는 많은 생각으로 가득 차 있다. 거기에 억지로 우리의 생각을 주입한다면 그의 머릿속에 있던 생각과 충돌하여 혼란을 일으키게 된다.

한(韓)나라 때 소국(小國)의 사자(使者)가 중국에 와서 똑같은 금동상 세 개를 공물로 바쳤다. 사자는 공물을 바치면서 "이 가운데 어느 것이 가장 가치가 높을까?"라는 문제를 냈다. 한나라 문제는 보석을 만드는 장인을 불러 금 동상을 살펴보게 하고, 무게를 측정하게 하는 등 온갖 방법을 동원해 보았으나 그 차이를 발견하지 못했다. 사자는 문제가 회답할 날만 기다리고 있었다.

이런 작은 문제도 풀지 못한다면 대국의 체면이 서지 않는 일이었다. 문제가 고민하고 있을 때, 이미 퇴직한 늙은 대신 한 명이 그 문제를 풀어보겠다며 나섰다. 사자가 대전에 도착했을 때 늙은 대신은 풀잎 세 개를 꺼냈다. 먼저 풀잎 하나를 첫 번째 금동상의 귓구멍에 넣자 다른 쪽 귓구멍에서 풀잎이 나왔다. 두 번째 금동상은 입에서 풀잎이 나왔으며, 세 번째 금동상은 뱃속으로 들어가서 그 이후 아무런 변화가 없었다. 그 대신은 "세 번째 금동상이 가장 가치가 있습니다"라고 말했다. 사자는 그 말을 듣고 깊은 존경을 표시한 뒤 본국으로 돌아갔다.

말을 잘하는 사람이 반드시 훌륭한 것은 아니다. 하느님이 인간에게 하나의 입과 두 개의 귀를 내린 것은 많이 듣고 적게 말하라는 뜻이다. 성숙한 사람의 기본적인 소양은 먼저 잘 듣는 것이다. 말재주가 있는 것보다는 잘 듣는 것이 더 좋다. 진정으로 말재주 좋은 사람은 마땅히 말해야 될 때는 유수같이 말을 잘하고, 말하지 않아야 될 때는 입을 꼭 다문다.

대화를 할 때 상대방이 말을 많이 하도록 자극하고 격려하는 것이 무엇보다도 중요하다. 우리가 중요한 정보를 전할 때 혹은 상대방으로 하여금 우리의 생각을 받아들이게 할 때는 먼저 자신의 입을 다물고 상대방이 말을 충분히 하게끔 한다. 상대방의 머릿속에 들어 있는 기름 표시판이 제로로 떨어질 때까지 인내심을 가지고 기다린다. 그렇게 하면 비로소 상대방이 우리의 생각을 받아들이게 된다.

토론하는 주제가 감정적인 것일 경우에는 상대방이 자신의 감정을 모두 쏟아낼 때까지 기다린다. 필요할 때는 마음속으로 숫자 1에서 10까지 세어본다. 시간이 지나면 자신의 말수가 점점 줄어든다는 사실을 자연스럽게 발견할 수 있을 것이다. 우리는 상대방이 대화를 하고자 하는 욕망을 자극하여 즐거운 분위기 속에서 대화할 수 있도록 유도하면 된다. 그러면 상대방은 부지불식중에 우리가 설정한 이미지 속으로 들어와 대화를 나누게 된다. 이렇게 하면 상대방은 진정 자기를 이해하는 사람을 만났다고 여기게 된다.

귀를 기울여 들어주는 것은 상대방을 찬미하고 인정한다는 의미이기도 하다. 따라서 굳이 상대의 말에 동의를 표시하지 않더라도 최소한 상대방에 대한 존경을 표시한 셈이다. 타인을 이해하려고 하지 않고 자기 말만 한다면 타인의 존재를 부정하는 것과 같다. 사람들은 공평한 관계를 유지하려는 사람에게 관심을 가지게 된다. 상대방의 말을 귀를 기울여 들어주는 것이 바로 공평 혹은 평등을 의미하므로 친밀감을 느끼게 되고 자아의식이 고취된다.

성공한 교제라고 해서 특별한 것은 없다. 침묵을 지키면서 말하는 상대방을 주시하고 그가 말하는 한마디 한마디에 귀를 기울여 듣는 것이다. 상대방을 인정해 주는 데 이보다 더 효과적인 것은 없다. 타인의 말을 듣는 것은 수많은 지식을 획득하는 지름길이며, 비용을 전혀 들이지 않고 상대의 마음을 사로잡는 효과적인 방법이다.

교제의 기본 원칙은 듣기가 80%, 말하기가 20%이다. 하지만 그저 상대방의 말을 듣고만 있지 말고 가끔씩 고개를 끄떡이는 것과 같은 몸동작으로 감동했다 혹은 공감한다는 표시를 상대방에게 전해야 한다. 식상한 내용을 말하더라도 가끔 질문을 하고, 틀에 박힌 말을 반복해도 집중하여 듣자.

무언의 목소리로 의미를 알자

상대의 말을 잘 듣고 많은 말을 할 수 있도록 배려하는 것은 자신의 겸손함을 나타내는 한편 상대가 즐겁게 말을 끝마칠 수 있게끔 하는 것이다. 이때 상대방의 어감으로 그의 내면세계를 관찰할 수 있다. 사람들은 말을 하는 중에 자신도 모르게 속마음을 드러내게 된다. 정확한 단어로 표현하지 않더라도 어휘나 어감, 어조와 태도 등으로 알 수 있다. 귀에 들려오는 표면적인 단어만으로는 무언의 정보를 놓치게 되어 상대방이 진정으로 전달하고자 하는 의미를 파악하지 못하게 된다. 상대방이 하는 말을 주의 깊게 들어보면 무언의 목소리로 상대방이 전달하고자 하는 내용을 알 수 있다. 그러면 어떻게 해야 무언의 목소리를 들을 수 있을까?

첫째 대화의 주제를 통해 알 수 있다. 대화의 주제는 다양하다. 상대방의 성격, 기질, 사고방식을 이해하는 가장 쉬운 방법은 대화의 주제와 상대방과의 관계를 관찰하는 것이다. 예를 들어 젊은이들이 가장 많이 이야기하는 주제는 음악, 패션, 축구와 자동차 등일 것이다. 또래들이 흥미를 가질 만한 주제를 많이 알고 있음으로써 자신의 문화적 수준을 상대방에게 나타내려고 한다. 즉 자신을 PR하고 싶은 욕망이 있기 때문이다.

둘째 대화에서 사용된 어휘를 통해 들을 수 있다. 언어는 개인의 수양 정도를 대외적으로 표현한 것으로 살아온 과정이나 생각과 환경이 다르므로 자신도 인식하지 못하는 사이에 사용한 어휘에 그것들이 묻어나게 된다. 진정한 자신의 이미지와 다른 새로운 이미지를 타인에게 심어주려고 노력해도 대화에서 사용한 어휘를 분석해 보면 대체로 그 사람의 진정한 이미지를 알 수 있다. 대화에서 이해하기 힘든 어휘와 외래어를 자주 사용하여 다른 사람을 곤혹스럽게 하는 사람이 가끔 있다. 이런 사람들은 자신의 내면적인 약점을 방어하는 도구로 어휘를 사용하는 경우가 많다.

셋째 말하는 속도를 통해 알 수 있다. 사람의 감정과 의견은 말하는 방식에서 모두 명확히 나타난다. 불만이 가득한 상태이거나 적의를 보일 경우에는 말하는 속도가 느리고 딱딱한 느낌을 준다. 또한 마음에 뭔가 어긋난 일을 할 경우에는 말하는 속도가 자연적으로 빨라진다.

넷째 어조를 통해 알 수 있다. 마음속으로 무엇인가를 꾸미는 사람은 말을 할 때 의식적으로 목소리의 높낮이를 조절하여 타인과 다른 특별한 느낌을 주려고 한다. 즉 타인의 주의력을 끌려는 욕망을 표출함으로써 자기 스스로 감추길 원하는 본심을 오히려 드러내게 된다.

말 잘하는 것이 말을 잘 듣는 것보다 못하다는 말이 있다. 소위 '잘 듣는다'는 것은 가벼이 말하지 않고 타인이 한 말을 현상에서 심층까지 분석하여 자신이 직접 결론을 도출한다는 것을 의미한다.

첫 만남을 친근하게 이끄는 법 8

상대방과 관계를 맺기 위해서는
조금씩 끊임없이 다가가자.
그러면 매일매일 조금씩 가까워질 것이다.

농부는 마부가 설득할 수 있다

사람들과 관계를 맺는 일은 하루아침에 배울 수 있는 것이 아니라 타인의 경험을 바탕으로 꾸준히 습득해야 한다. 하지만 다음의 원칙만은 명심하자. 항상 상대방에게 친절한 태도를 보이고, 상대방의 사소한 일에도 관심을 나타내자. 또한 상대방의 배경과 동기를 이해하려고 노력하며, 상대방을 만족시킴으로써 자신의 만족을 얻는다.

앞의 원칙을 지켜나갈 때 비로소 우리는 상대방과 함께 성과를 나눌 수 있으며, 상대방에게 영향을 줄 수 있는 인물이 된다. 상대방에게 질문을 던지기 전에 항상 '내가 지금 하려고 하는 말이 그의 생활과 어떤 관계가 있는가?'를 꼼꼼히 생각해 보자. 말하는 주제가 상대방의 가정이나 취미, 사업 등과 관련된 것이라면 상대는 우리의 말에 즉시 반응을 보일 것이다.

한번은 공자가 제자 몇 명을 데리고 노나라를 여행한 적이 있다. 무르익은 봄빛과 따사로운 햇볕에 잠시 정신을 놓는 차에 마차가 논에 빠져, 농부가 심어놓은 곡식에 피해를 주었다. 농부가 이 소식을 듣고 달려와 대노하여 말을 붙잡고 그들을 관청에 고소했다. 공자는 자공을 농부에게 보내 이 일을 상의하도록 했다. 자공은 당시 유명한 외교관이자 웅변가로 이름을 떨치고 있었는데, 노, 제, 오, 진, 월 다섯 나라 사이에서 뛰어난 외교력을 발휘한 인물이었다. 제나라가 노나라를 공격하려고 할 때 자공은 노나라를 구함과 동시에 월을 패자로 만들어 네 나라의 세력관계를 유지했다.

자공이 우쭐거리며 농부를 찾아가 경전과 법전을 인용하며 농부에게 한참 동안 도리를 설명했다. 하지만 자공의 말은 오히려 농부의 화를 돋워 결국 농부는 그의 자식들에게 무기를 꺼내오도록 명했다. 자공은 이 광경을 보고 안색이 변하여 급히 공자에게 돌아갔다. 공자는 "자공, 너는 그 농부가 이해하지 못하는 말만 했구나. 이는 새 모이로 산해진미를 사용하고 구소(九韶, '소'는 순 임금의 음악을 일컫는다. 참고로 공자는 순 임금 시대를 가장 이상적인 세계로 평가했다―옮긴이)로 새를 부르는 것과 같다"라고 말하고는 이번에는 마부를 농부의 집으로 보냈다.

마부가 농부에게 말했다.

"당신이 동해에다 곡식을 심는 것도 아니니 동물이 논에 와서 곡식을 먹는 것은 피할 수 없는 일입니다. 또한 우리가 서해에서 여행하는 것도 아니니 마차를 끌던 말이 곡식을 먹기 위해 논에 들어가는 것 역시 피할 수 없습니다. 지금 두 가지 상황이 공교롭게 맞부딪쳤으니 마차를 끌던 말이 어떻게 당신의 곡식에 피해를 주지 않을 수 있겠습니까?"

유유상종이란 말이 있다. 성인의 말로 시골 사람을 설득하는 것은 현실감이 떨어진 학자가 저지를 만한 우매한 일이다. 왜 농부는 자공이 한 말은 받아들이지 않고 마부가 한 말은 받아들였을까? 그 이유는 외관과 삶을 살아온 수양 면에서 농부와 자공의 차이가 너무 크기 때문이었다. 자공이 무슨 말을 하든 농부는 그 말을 진실이라고 믿지 않을 것이다. 사람들은 자신과 비슷한 환경에서 동일한 이념을 가진 사람과 사귀기를 좋아한다. 어느 누구보다 편하게 대할 수 있기 때문이다.

공자는 진채에서 굶어죽을 위기에 처했고, 맹자는 제양에서 역시 위기에 처한 적이 있다. 공자와 맹자가 위기에 처한 것은 모두 연유가 있었다. 위령공이 공자에게 병법을 가르쳐주기를 청했을 때 공자는 한마디 말도 없이 그 자리를 떠났으며, 위혜왕이 조나라를 공격하려고 준비하면서 맹자의 계책을 듣기를 원했을 때, 맹자는 오히려 위혜왕에게 땅을 떼어 조나라에 줄 것을 권했다. 공자와 맹자는 역사에 길이 남을 성인으로 세상의 도리는 깨달았으나, 사람을 사귀는 방법은 이해하지 못한 것 같다.

교제의 성공 비결은 공통의 화제와 흥밋거리를 찾는 것이다. 타인과의 교제에서는 무작정 자신의 개성만을 내세우지 말고, 처음은 상대방과의 공통점을 찾아 서로 친숙한 관계를 유지하는 것이 중요하다. 그 후 자신의 개성을 맘껏 펼쳐도 늦지 않다. 공통된 화제와 흥밋거리가 있어야만 상대방과 비록 첫 대면일지라도 오래된 옛 친구를 만난 것처럼 친근한 분위기에서 대화를 할 수 있다. 상대방과의 첫 만남에서 단지 낚싯대만을 띄울 생각은 버리는 것이 좋다. 미끼가 없는 낚싯대는 아무 소용이 없다. 다른 사람과 교제할 때는 반드시 교제 내용을 어느 정도 숙지하고 이해할 필요가 있다. 우리가 교제 내용을 이해하지 못한 채 교제 장소에 참석한다면 대화는 밋밋하게 흐를 것이고 상대방은 금방 흥미를 잃게 될 것이다. 따라서 교제할 때는 전심전력으로 상대방에게 집중하여 공통된 흥미를 보일 수 있는 화제를 찾아야 한다.

상대방과 대화할 때는 반드시 상대방의 말을 새겨 들어야 한다. 그래야만 자신의 느낌 또한 잘 표현할 수 있다. 상대방이 어떤 관점을 제시할 때 간단한 몇 마디로 의견을 나타내는 것은 좋지 않다. 상대의 의견에 동의할 경우 완전한 문장으로 자신의 의견을 피력해야 한다. 그렇게 해야만 상대의 말을 집중하여 들었다는 사실을 드러내는 것이다.

어법에 어긋나지 않는다면 자주 상대를 지칭하거나 호칭해 준다. 이는 상대방의 주의력을 끌 수 있을 뿐만 아니라 적극적인 반응을 유도할 수 있다. 상대를 호칭하는 것은 인간이 가진 가장 보편적인 자아의식과 자부심을 끌어내는 것이다. 또한 혼자가 아닌 상대가 존재한다는 사실을 인식하여 홀로 머릿속에서 상상하고 결론 짓는 실수를 방지할 수 있다. 상대를 호칭하는 것은 소금이나 후추와 같이 음식을 맛깔스럽게 만드는 조미료 역할을 한다. '당신'이라는 말뜻을 새겨볼수록 그 뜻이 깊게 다가온다는 사실을 느낄 수 있을 것이다.

모방에서 시작하여 상대를 선도하자

상대방을 모방하는 것은 효과적인 교제 방법이다. 자신이 생각하기에 적당한 대화 상대를 찾았다면, 상대방이 어느 방면에 관심이 있는지 힘들여 찾을 필요가 없다. 명사, 동사, 형용사 혹은 접속사에 관계없이 상대가 자주 사용하는 단어를 반복해 보자. 이렇게 하다 보면 문득 상대방과 못할 말이 없는 관계로 변할 것이다. 이런 언어 기교는 간단하면서도 그 효과가 크다.

테니스를 예로 들어보자. 상대방과 테니스 시합을 할 때, 상대방이 칠 수 있는 범위에 공을 떨어뜨린다면 상대는 더욱 재미를 느낄 것이다. 상대방이 평소 즐겨하는 말을 회의석상에서 사용하면, 상대방은 무의식중에 자신의 가치관, 생활 경험, 관심 분야 등이 우리와 일치하다는 사실을 느끼게 되어 우리의 견해를 쉽게 받아들이게 된다.

상대방의 얼굴 표정, 손동작 혹은 어감 등을 모방할 때 상대방은 왠지 모르게 친밀감을 느낀다. 처음에는 유치하게 느껴지며 익숙해지지도 않을 것이다. 하지만 자연스럽게 상대를 모방하게 되면, 상대방은 오히려 당신을 더욱 주목하게 될 것이다. 단 상대가 가지고 있는 신체장애와 숨기려고 하는 특징을 모방해서는 안 된다.

상대의 문자, 음성, 바디랭귀지 등을 모방한 후 상대방의 호감을 얻게 된다면 상대와의 관계는 미묘하게 전환된다. 즉 상대를 따라가는 입장에서 점점 상대방을 이끄는 위치로 변모하는 것이다. 이때는 상대의 말과 동작을 모방할 필요가 없다. 오히려 주도적인 위치에서 자신의 방식대로 말하고 행동하면 된다. 오히려 이 단계에서는 상대가 모방하게 된다.

왜 이런 변화가 일어나는 것일까? 모방을 통한 교류는 상대방에 대한 존중을 표시하는 것이다. 상대의 내면세계에 자신에 대한 친화력을 뿌리내릴 수 있으며, 이를 바탕으로 상대방이 우리의 행동을 닮아가게끔 이끌 수 있다. 일단 상대가 우리의 행동을 모방하도록 이끌었다면 상대를 설득할 수 있는 잠재적인 능력을 보유한 것이며, 상대는 우리의 생각과 의견을 쉽게 받아들이게 된다.

상대방의 내면세계로 들어가 효율적으로 의사소통할 수 있어야만 상대의 친구가 될 수도 있고 그에게 영향력을 발휘할 수도 있다.

상대의 채널에 맞춰라

텔레비전을 보거나 라디오를 들을 때 선명한 음질과 화질을 얻으려면 반드시 채널을 맞추어야 한다. 아무리 재미있는 프로그램이 방송되더라도 우리가 채널을 정확히 맞추기 전까지는 화면이 흐리거나 소리가 불명확하여 어떤 즐거움도 가져다주지 못한다. 교제도 이와 마찬가지이다. 교제에서도 채널을 조정해야 한다.

과학적 연구결과에 따르면 개개인마다 다른 감각기관과는 달리 특히 민감한 감각기관이 있는데, 이것이 삶에 상당한 영향력을 미친다고 한다. 사람들을 대할 때 우리는 무의식중에 특히 민감한 감각기관을 드러내게 된다. 감각기관에 따라 시각형, 청각형, 느낌형의 세 가지 유형으로 나누어 볼 수 있다.

사람들은 가장 민감하게 생각하는 감각기관을 자주 사용하며, 그것과 관련된 언어로 자신의 감정을 표현한다. 이렇게 해서 자신만의 독특한 교제 채널을 만드는 것이다. 따라서 상대방의 채널을 사용해서 교류해 나가면 된다. 상대방의 채널을 이용하는 방법은 다음과 같다.

첫째 표현 방식을 맞춘다.

상대방이 시각형이라면 시각적인 요소를 이용하여 대화하면 공감을 불러일으키게 된다. 눈앞에 펼쳐진 세계를 마치 보고 있는 듯 생각하는 것이다. 상대가 청각형이라면 주로 청각으로 세계를 이해할 것이다. 이럴 때는 청각적인 표현 방식을 많이 사용하여 똑같이 듣고 이해한다는 것을 표현해야 한다. 상대방이 느낌형이라면 촉각을 이용하여 세계를 파악하려 할 것이다. 따라서 상대와 교제할 때 최대한 촉각과 관련된 언어를 많이 사용하여 우리도 상대방이 느끼는 것을 동일하게 느끼고 있다는 사실을 알려주자.

둘째 말하는 속도를 맞춘다.

사람마다 외부에서 들어온 정보를 뇌에서 처리하는 속도가 다르며, 문제를 생각하는 방법도 동일하지 않다. 시각형은 뇌에서 시각으로 전달된 이미지를 전환하는 속도가 매우 빠르다. 이미지가 이동함에 따라 말하는 속도가 빨라지고, 음조가 높아지며, 호흡이 짧아진다. 그러므로 시각형은 호흡을 할 때 가슴의 상하운동이 뚜렷하고 말할 때 자주 어깨를 으쓱거린다. 청각형은 말하는 속도가 빠르지도 않고 느리지도 않다. 음조가 평탄하고 호흡이 고르며, 큰 소리로 말할 때 귀가 솔깃해지며 어깨를 내리는 경향이 있다. 느낌형은 말하는 속도가 느리며, 목소리가 저음이다. 또한 호흡이 길며 바디랭귀지를 많이 사용한다. 보통 가슴 호흡을 한다.

상대의 음조와 속도로 말하는 법을 배워야 한다. 상대의 말하는 속도가 빠르면 빠르게 말하고 목소리가 크면 자신의 음량도 그에 맞춘다.

또한 말의 리듬도 동일하게 맞추어 말한다. 이렇게 할 수 있어야만 상대방의 채널을 이용하여 교류할 수 있으며 자신의 의사소통 능력과 친화력을 업그레이드할 수 있다.

셋째 내용을 맞춘다.

상대방과 비슷한 대화 방식을 사용하는 것 이외에 교제 내용에도 노력을 기울여야 한다. 사회 지도층 인사들과 교류할 때는 그들에게 익숙한 내용으로 대화를 나눈다. 고객이 원예에 관심이 있다면 뿌린 대로 거둔다는 비유를 사용한다. 상사가 요트를 소유하고 있다면 자신의 계획은 물샐 틈 없이 완벽하고 금방 검사와 수리가 끝난 요트처럼 믿을 수 있다고 말하자. 또한 상대방이 비행기를 운전한 경험이 있다면, 회사의 경영 실적을 치솟게 할 수 있는 계획이라고 말하자. 상대방의 채널에 맞추어 말함으로써 상대방에게 우리는 동료라는 인식을 심어주게 된다.

연결고리를 찾아라

사람을 쉽게 사귀는 이들을 보면 어떤 장소에서나 잘 얘기하고 잘 웃는다. 그들의 인맥은 점점 넓어지고 정보도 더 빨리 획득하여 경쟁에서 우월한 위치를 차지한다. 그들이 처음 보는 사람에게 건네는 인사말을 보면 물처럼 담백하다.

한 영업사원이 백화점에 입점하기 위해 담당자를 만났다. 그는 담당자의 인사말을 듣고는 "말씨를 들어보니 베이징 사람이시군요"라고 말했다. 담당자가 "당신도 베이징 사람이세요?"라고 되묻자 영업사원은 웃으면서 "아닙니다. 하지만 베이징 말씨를 들으면 친근감이 느껴져서요"라고 대답했다. 담당자는 이내 영업사원에게 친근감을 느꼈으며, 입점과 관련된 일도 순조롭게 풀렸다. 다음은 실제 상황에서 활용할 수 있는 몇 가지 방법을 소개한 것이다.

첫째 친척과 고향을 연결고리로 이용한다.

친척, 고향 등의 관계는 사람에게 따뜻한 감정을 심어주며, 신뢰감이 쉽게 형성된다. 갑자기 자기 앞의 낯선 사람과 자신과의 관계가 놀랍고 신기하게 느껴질 것이다. 사람들은 자신 혹은 자신과 관련된 사물에는 종종 열정과 흥미를 표출하지만 자신과 무관한 것에는 배타성을 보인다. 이런 배타성을 피할 수 있는 방법이 바로 친척과 고향을 이용하는 것이다. 일단 연결고리가 형성되면 각자의 사회적 위치에 관계없이 진심으로 대할 수 있는 분위기가 형성된다. 이를 통해 낯선 감정으로 유발된 심리적 방어 의식을 무너뜨릴 수 있다.

마오쩌둥은 특히 이런 인간관계를 잘 사용했다. 건국 이후 민주인사들 대부분이 그와 친척이거나 학연 혹은 지연 관계에 있는 사람들이었다. 첫 만남이지만 마오쩌둥은 민주인사와 몇 마디 말도 나누기 전에 이렇게 얽히고설킨 관계를 그들에게 소개했다. 결국 '우리는 가족'이라는 통쾌한 웃음 속에서 분위기는 점차 부드러워지고 내방객들은 마오쩌둥에게 친밀감을 느끼게 되었다.

둘째 지난 일을 연결고리로 이용한다.

학교 후배 한 명이 선배들과의 첫 만남에서 한 선배에게 "학기 시작할 때 선배가 방 배정에 도움을 주었어요"라고 말했다. 선배는 놀랍고 기쁜 마음에 "그래?"라고 짤막하게 말했다. 이런 간단한 인사말이 오간 후 두 사람 사이의 대화의 장벽이 허물어졌으며 훨씬 친숙해졌다. 사실 선배는 많은 후배들을 도와주었기 때문에 정확히 누구인지 기억하지 못했다. 하지만 후배가 기억하고 말해 줌으로써 자신도 모르는 사이에 다른 사람에게 도움을 주었다는 사실에 기쁨을 느꼈다. 도움을 준 상대와 대면했을 때는 그 자리에서 이야기함으로써 감사의 마음을 전하면서 상대방과의 감정을 더욱 깊게 다진다.

셋째 상대방의 외모와 이름을 연결고리로 사용한다.

사람들은 누구나 자신이 다른 사람들에게 어떻게 비쳐질지에 관심을 두고 있기 때문에 외모를 소재로 대화를 시작하는 것도 좋은 교제 방식 가운데 하나이다. 교제에 능숙한 한 친구는 말수가 적은 사람을 만났을 때 먼저 상대의 외모에 대해 이야기한다. "당신은 내 사촌형을 닮았는데, 조금 전 사촌형으로 오해할 뻔했어요. 옷 입는 스타일뿐만 아니라 헤어스타일도 닮았네요." 이렇게 말하면 무뚝뚝한 사람도 반응을 보이게 된다.

외모를 이용할 때는 상대방을 조금 치켜세워주는 것이 중요하다. 그러면 상대도 우리에게 친밀감을 느끼게 된다. 외모 이외에 상대방의 이름을 연결고리로 사용할 수 있다. 첫 만남에서 상대방의 이름을 말할 수 있다면 이미 산뜻한 출발을 했다고 할 수 있다. 상대방의 이름으로 멋진 뜻풀이를 해보는 것도 좋으며, 상대방의 이름과 친한 친구의 이름이 비슷하다는 식으로 대화를 이끌어갈 수도 있다.

대중들 앞에서 경력을 소개해 달라고 부탁하는 것처럼 상대방에게 기분 좋은 일은 없다. 모임 또는 파티에 참석했을 때 본인이 사귀고 싶어 하는 저명인사에게 다가가 살아오면서 겪은 흥미로운 이야기 하나를 부탁한다. 저명인사는 대개 대중 앞에서 자신을 PR할 기회만을 찾고 있으므로 명분을 주게 되어 그와 친해질 기회를 가지게 된다.

열정으로 거리를 좁히자

대화는 서로간의 거리를 좁히는 좋은 방법이다. 하지만 많은 사람이 어떻게 말을 시작해야 할지 모르거나 말 꺼내는 것 자체를 부끄러워한다. 그러나 이것은 쓸데없는 걱정일 뿐이다. 사람들 중 80%는 말하는 첫마디로 우리의 이미지를 판단하지 않는다. 그러므로 첫마디가 아무리 평범하더라도 평상심을 유지한 채 열정적으로 말하면 점점 더 심도 있는 대화를 나눌 수 있을 뿐만 아니라 서로의 거리도 그만큼 좁혀진다. 이 과정에서는 서로 공통된 화제를 찾는 것이 관건이다. 그러면 어떻게 하면 친밀한 화젯거리를 찾을 수 있을까?

첫째 표정과 대화 스타일을 관찰한다.

사람의 심리 상태, 추구하는 방향, 생활 기호 등은 많든 적든 그들의 표정, 패션 스타일, 말, 행동 등에 나타난다. 상대방을 유심히 관찰해 보면 적당한 화제를 발견할 수 있을 것이다. 물건 하나 혹은 말 한마디가 모두 흥미로운 화제가 될 수 있다. 상대방에게서 자신이 잘 알고 있는 내용을 발견했을 때 곧바로 그 화제로 넘어간다면 자연스럽게 관심 있는 화제를 찾을 수 있다.

둘째 신변에 대한 정보를 통해 공통된 화제를 찾는다.

침묵을 깨뜨리기 위해서는 대화가 필요하다. 상대의 본적, 신분 등을 물어보고 정보를 획득할 수 있다. 소문을 들었다는 형식으로 상대방의 상황을 조사할 수도 있고, 담뱃불을 빌리는 것으로 공통된 화제를 찾을 수도 있다.

사회생활을 하면서 "직업이 무엇입니까?"라는 말을 필연적으로 듣게 된다. 이런 질문을 했을 때 "경제학자입니다." 혹은 "기술자입니다"와 같이 단답형으로 대답하면 대화를 진행하는 데 아무런 도움이 안 된다. 풍부한 내용으로 대답하여 상대가 대화를 이끌 수 있도록 해야 한다. 예를 들어 "저는 ○○회사 프로그램 개발팀의 책임자로 있습니다. 운동으로는 테니스와 승마를 좋아하고, 문학작품도 즐겨 읽습니다." 단 15초로 자신에 대한 여러 가지 정보를 상대에 제공한다. 상대가 "당신도 문학을 좋아하십니까?"라고 물어본다면 이미 관계는 형성되었다고 할 수 있다.

셋째 최근 뉴스로 공통된 화제를 찾는다.

자기 주변의 사소한 뉴스와 국제적인 사건에 대해서는 누구나 흥미를 가지고 있다. 만남을 갖기 전에 최근 국내외에서 발생한 중요한 사고 및 사건을 숙지한다. 모두 다 이미 알고 있는 사실을 물어보는 우매한 실수를 범하지는 말아야 한다.

홍콩에서 손님이 가장 많은 미용실 주인에게 한 손님이 성공 비결을 물어보았다. 주인은 미용사가 고객과 즐겁게 대화를 나누기 때문이라고 대답했다. 하지만 어떻게 미용사가 대화를 잘할 수 있었을까? 미용실 주인은 매월 각종 잡지를 구입하여 미용사들이 매일 업무를 시작하기 전에 읽어보도록 규정을 정해 두었다. 미용사들은 가장 신선한 화제를 습득해 고객과 대화할 수 있었으며 고객들도 만족해했다.

상대의 감정 상태도 알아볼 필요가 있다. 말을 꺼내기 전에 상대의 목소리를 유심히 관찰하여 그가 지금 유쾌한지 혹은 어떤 고민에 빠져 있는지 아니면 우울한지 등을 분석하여 순발력 있게 대화를 이끌어나가야 한다.

고슴도치의 법칙

한 보금자리에 고슴도치 두 마리가 있었다. 피곤함에 지친 이들은 추운 날씨에 체온을 유지하기 위해 서로 부둥켜안고 자고 싶었다. 그러나 몸에 돋은 가시가 서로를 찌르는 탓에 떨어져 잘 수밖에 없었다. 하지만 매서운 추위에 고슴도치는 더 이상 견디지 못하고 자신들도 모르는 사이에 서로에게 다가갔다. 그러다 번번이 상대의 가시에 찔려 물러나곤 했다. 이런 상황이 수차례 반복된 후, 마침내 고슴도치는 서로의 체온을 느끼면서 가시에 찔리지 않는 적정거리를 알게 되었다. 이것이 바로 '고슴도치의 법칙'으로 대인관계에서 흔히 말하는 '거리효과'이다. 회사에서 부하직원을 대할 때, 부담 없이 친하게 지내는 것도 좋지만 상하관계인 만큼 일정한 거리를 유지해야 한다. 이것은 조직의 위계질서를 지키고, 주도적인 위치에서 부하직원을 통솔하기 위한 것이다.

한 심리학자가 다음과 같은 실험을 했다. 도서관 열람실에서 홀로 책을 읽고 있는 사람을 대상으로 그 옆에 앉는 상황을 80회 정도 연출했다. 실험 결과 넓은 열람실에 두 사람만 있을 경우 낯선 사람이 자기 옆에 앉아 있는 것을 아무도 견디지 못했다. 심리학자가 피실험자 옆에 앉자 대부분의 사람들은 슬금슬금 원래 자신이 앉은 자리를 벗어나 다른 자리로 옮겼다. 어떤 사람은 단도직입적으로 "무슨 볼일 있으세요?"라고 물어보기도 했다.

이 실험은 인간과 인간 사이에는 일정한 거리가 필요하다는 사실을 알려준다. 누구나 자신만의 공간을 필요로 한다. 자신만의 공간을 다른 사람이 침범했을 때 불편하고 불안감을 느끼며 심지어 분노를 표시하기도 한다.

아름다운 여성이 미용실에 갔는데 미용사가 돋보기로 그녀의 피부를 관찰한다고 하자. 비록 일정한 거리를 두고 보면 그 여성의 피부는 더할 수 없이 희고 매끈하겠지만 돋보기로 확대해 살펴본다면 꼭 그렇지만은 않을 것이다. 다른 사람에게 너무 가까이 접근하는 것은 돋보기를 들고 그 사람의 얼굴을 살펴보는 것과 같다. 상대방이 특별히 허락하지 않는 한 그 사람의 공간을 배려해 주어야 한다.

인간관계의 정도와 장소에 따라 서로가 가지는 자아공간의 범위가 결정된다. 미국의 인류학자 에드워드 홀 박사는 상대방과의 거리를 네 가지 유형으로 나누었다.

친밀한 거리 친밀감을 느낄 수 있는 거리는 교제에서 허용되는 가장 짧은 간격을 의미한다. 흔히 매우 사이가 좋은 관계를 '파고들 틈도 없이 좋다'라고 말하는 이유가 여기에 있다. 거리가 15센티미터 이하이면 서로의 피부와 머리카락이 닿을 수 있다. 이 정도 거리에서는 상대의 체온, 냄새, 숨결을 느낄 수 있다. 서로의 거리가 15에서 44센티미터 정도면 무릎을 맞대고 앉아 이야기를 나누는 정도의 신체 접촉을 할 수 있는 거리로 친밀감을 충분히 나타낼 수 있다. 이런 거리는 개인적인 만남에 한해 허용된다. 그렇지 않은 경우에 이처럼 가까이 마주보고 있으면 너무 개방적인 것으로 오해받기 쉽다. 또한 동성간은 아주 가까운 친구로서 서로 잘 알고 편안한 사이일 때에야 비로소 허용될 수 있는 거리다. 이성간은 부부 혹은 애인 사이에서 허용될 수 있다. 이외에 다른 사람이 이 공간으로 들어오면 의도가 무엇이든 간에 예의 없는 행동으로 비쳐지며 반감을 사게 된다.

개인 거리 어느 정도 거리감을 느낄 수 있는 거리로 신체적인 접촉을 거의 할 수 없다. 46에서 76센티미터 정도의 거리에서 악수를 나누고 대화할 수 있다. 이것은 친숙한 사람과의 거리로 낯선 사람이 들어오면 자신만의 공간이 침범당했다는 느낌을 가지게 된다. 이 거리의 최대한도는 76에서 1.2미터 정도이며 친구 혹은 평소 아는 사람 모두 자유롭게 드나들 수 있는 간격이다. 이 거리 역시 비공식적인 사교 활동에 적합하며 공식적인 장소에는 적합하지 않다.

사교 거리 이미 친밀하거나 친숙한 인간관계의 범위를 벗어난 것으로 사교와 예식 등 공식적인 관계에서 허용된다. 사교 거리의 범위는 1.2에서 2.1미터까지이다. 사무실이나 사교 모임에서 이 정도의 거리를 유지한다. 2.1에서 3.7미터 정도는 사교 모임보다 훨씬 정식적인 교제관계에서 나타낸다. CEO들이 긴 테이블을 앞에 두고 내방객과 대화를 나눌 때 보통 이 간격을 유지한다. 기업간에 협상이 진행될 때, 입사면접, 논문 발표회 등은 보통 이와 같은 간격을 유지하는데, 일정한 거리를 유지하여 엄숙한 분위기를 만들기 위해서다. 사교 거리에서는 신체적인 접촉이 없으므로 목소리를 좀 더 높여서 말해야 하며, 상대방과 시선을 자주 맞추어 감정을 교류해야 한다.

대중 거리 공개토론회에서 강사와 청중 사이의 거리를 말한다. 이 거리의 범위는 3.7에서 7.6미터 정도이다. 이 거리는 대부분의 사람에게 개방된 간격으로 상호간에 일정한 연결관계가 형성된 경우는 아니다. 따라서 대중 거리는 강연회, 토론회 등 대중 앞에서 연설을 할 때 사용되는 거리이다. 강사가 특정 청중과 대화를 하기 위해서는 반드시 강단에서 내려와 개인 거리 혹은 사교 거리만큼 다가서야만 효율적으로 의사소통이 가능하다.

상호간의 대화 거리는 그들의 관계가 친밀한 정도를 알 수 있는 중요한 지표가 된다. 따라서 적정한 거리를 선택하는 것이 중요하다. 한 젊은이가 한 여자에게 청혼했으나 대중 앞에서 일언지하에 거절을 당했다. 그녀는 화난 목소리로 "그 사람은 2.5미터나 떨어진 곳에서 나에게 청혼을 했어"라고 말했다.

하지만 교제 거리는 고정불변하는 것이 아니라 얼마든지 신축적으로 변할 수 있다. 사회적 지위, 문화적 배경, 성격, 심리 상태 등 구체적인 환경에 따라 교제 거리가 바뀔 수 있다. 국가, 민족, 문화 배경이 다르므로 교제 거리 역시 동일하지 않다. 이런 차이는 '자아'에 대한 이해의 차이에서 비롯된다. 북미 사람들은 피부, 옷, 자기 주변의 수십 센티미터를 자아로 인식한다. 아랍인들은 '자아'는 영혼을 일컫는 말로 본인의 몸도 자신의 것이 아니라고 생각한다. 그렇기 때문에 걸어갈 때 서로 붙으려는 경향이 강하며, 약간의 거리만 두어도 상대가 냉담하게 대한다고 여긴다. 이와 반대로 북미 사람들은 상대가 가까이 다가오면 뒤로 물러나는 경향이 있다. 유럽인 가운데 프랑스인은 상대와 가까운 거리에서 서로의 숨결을 느끼며 대화하길 좋아하고, 영국인은 일정한 거리를 두어 자기만의 공간을 유지하길 원한다.

자아 공간의 거리는 사회적 지위에 따라 차이를 보이기도 한다. 권력을 가진 사람일수록 개인 공간이 넓다. 고대의 황제들은 높은 용상에 앉아 넓은 공간을 홀로 차지하면서 먼 거리에서 신하들을 대했다. 신하들은 황제 앞에서 고개를 숙이고 마주 보지도 못한 채 자리에서 일어나 뒷걸음질로 물러났다. 이러한 거리는 황제의 절대 권력과 지위를 상징하는 것이다. 권력자와는 최대한 떨어져 앉으려고 하는데, 이는 그의 자아 공간을 침범하여 분노를 초래하는 일을 방지하기 위해서다.

문화적 배경과 사회적 지위 이외에 성격과 구체적인 상황도 교제 거리를 결정하는 주요 요소이다. 성격이 밝고 쾌활한 사람은 자아공간이 비교적 좁으며 사람들에게 다가서려고 한다. 그러나 내향적이거나 괴

곽한 성격을 가진 사람은 주동적으로 다른 사람에게 접근하려고 하지 않는다. 홀로 고독을 느낄지언정 타인이 자아공간에 침범하는 것을 좋아하지 않으며 쉽게 거부감을 나타낸다.

그러나 복잡한 버스 안에서는 자아공간을 기대하기란 어려운 일이다. 따라서 쉽게 다른 사람의 접근을 허용하게 되는데, 이런 상황에서는 친밀한 거리 혹은 대중 거리라는 한계 자체가 사라지게 된다. 사람은 어쩔 수 없이 다른 사람의 시선과 숨결을 피하는 것으로 다른 사람과의 거리를 확보한다. 그러나 넓은 공원 혹은 공간이 비교적 넓은 음식점에서 낯선 사람이 이유 없이 자신의 옆에 앉을 때는 의심과 부자연스러운 감정이 일어나게 된다.

교제에서 상대편이 필요로 하는 자아공간과 교제 거리를 이해한다면 다른 사람을 대하는 데 있어서 필요한 최선의 간격을 선택할 수 있다. 또한 교제 거리에 대한 정보로 그 사람의 사회적 지위, 성격과 상호관계 등을 이해할 수 있으므로 더더욱 멋진 관계를 맺을 수 있다.

당당하게 '노'라고 말하는 법 9

'노(No)'라는 말을 배우면
당신의 인생은 좀 더 아름답게 변할 것이다.

승낙, 빠져나올 수 없는 늪

한 부인이 링컨 대통령을 찾아와 화난 목소리로 말했다.

"당신은 반드시 내 아들에게 대령의 직위를 수여해야 합니다. 이것은 당신의 은혜를 요구하는 것이 아니라 우리가 가진 당연한 권리를 주장하는 것입니다. 나의 조부께서는 렉싱턴 전투에 참가하셨고, 나의 숙부는 블레이덴스버그에서 유일하게 도망치지 않고 싸운 분이며, 나의 부친은 뉴올리언스 전투에 참가하셨습니다. 또한 나의 남편은 몬테레이 전투에서 전사했습니다. 그러니……."

링컨은 부인의 말을 듣고 대답했다.

"부인, 당신 가문이 3대에 걸쳐 국가에 공헌한 것은 이미 넘치고도 남습니다. 이런 애국충절에 깊은 존경의 마음을 전합니다. 이제 다른 사람이 국가를 위해 충성할 기회를 주는 것이 어떻겠습니까?"

유명한 희극배우이자 감독인 찰리 채플린은 "'노(No)'라는 말을 배우면 당신의 인생은 좀 더 아름답게 변할 것이다"라고 말했다. 상대와 정면으로 충돌하는 것을 두려워하는 사람들은 앞에서는 받아들이는 척하며 뒤에서는 불만을 터뜨리는데 이것은 문제를 해결하는 데 아무런 도움이 되지 못한다.

거절하는 방법을 배우는 것은 일종의 기술을 배우는 것과 같다. 신용이 좋지 못한 친구가 돈을 빌릴 때 그것을 허락하는 것은 고양이에게 생선을 맡기는 것과 같다는 것을 잘 알고 있으면서도 선뜻 거절하지 못한다. 아는 사람이 우리에게 어떤 상품을 팔려고 할 때 그 상품을 구입하면 분명 손해라는 것을 알고 있지만 단호하게 노라고 말하기 어렵다. 그 자리에서 거절하면 상대와의 관계가 단절될 수도 있고 오해를 살 수도 있다고 생각하기 때문이다. 심지어 그 사람이 자신을 미워할 수도 있다고 여긴다.

승낙은 빠져나올 수 없는 늪과 같다. 그러나 남의 부탁을 경솔히 거절해서도 안 된다. 거절하는 방법이 잘못되면 곤란한 일에 직면할 수도 있다. 타인의 부탁을 받았을 때, "죄송합니다. 이 일은 저 혼자 처리할 수 있는 범위를 넘어서는 것 같군요. 부모님과 상의해 봐야겠습니다", 혹은 "아들과 상의한 후 결정되면 회답을 드리겠습니다" 등 모호한 대답으로 빠져나갈 수 있다. 하지만 이것은 핑계 정도로 비쳐질 수 있다. 게다가 거절 의사를 명확하게 표시하지 않고 모호한 대답만 한다면 상대는 지속적으로 확실한 대답을 강요하게 된다. 모호한 대답만 하다가 결국 그것이 거절의 뜻이었다는 것을 알게 되면 상대는 우리를 원망하는 것은 물론 마음이 유약하고 허위적인 사람이라고 여기게 된다.

거절의 기술이 필요한 시기가 바로 이때이다. 요령이 있으면 상대가 자신의 부탁을 흔쾌히 철회할 것이나, 요령이 없다면 불만과 원망을 품을 수 있다. 다른 사람의 부탁을 거절할 때 지켜야 할 몇 가지 원칙을 알아보자.

- 거절하는 이유가 충분해야 하며, 상대에게 그 이유를 명확히 설명해야 한다.
- 확고하고 과감하게 거절 의사를 밝혀야 하며 모호한 어휘는 피하는 것이 좋다.
- 모든 책임을 상대에게 미루지 않는다.
- 자존심을 상하게 하지 않는다.
- 어쩔 수 없이 거절한다는 것을 인식하도록 하며, 미안한 마음을 표시한다.

위의 원칙은 모두 하나의 주제로 귀결된다. 그것은 바로 거절할 때 성실한 태도를 보여야 한다는 점이다. 이유야 어떻든 간에 타인에게 부탁을 거절당하는 일은 유쾌하지 못하다. 한마디 말로 딱 잘라서 거절하는 경우 상대는 마음의 상처를 입게 된다. 실제로 부탁을 들어줄 수 없는 상황이더라도 이런 태도를 보인다면 상대에게 일말의 양해도 구하지 못한다.

거절하는 가장 좋은 방법은 상대가 자신을 벼랑 끝으로 몰고 있다고 느끼게끔 하는 것이다. 이때 상대의 요구를 충분히 이해하고 있다고 말한 다음 "요구하신 내용을 충분히 고려했지만 현재로서는 수용할 방법이 없군요. 정말 죄송합니다"라고 말한다. 자신이 상대의 요구를 수용하기 위해 최선을 다했다는 것을 표현하는 것이다. 그러면 거절을 당했다는 불쾌감을 느끼지 않게 된다.

다시 한 번 강조하지만 거절할 때는 반드시 성실한 태도를 보여야 한다. 그러면 이런 원칙하에 상대에게 불쾌감을 주지 않고 그의 요구를 거절하는 전략을 배워보자.

완병지계:긴급한 상황에서 숨 돌릴 시간을 얻는다

새로운 고객과 비즈니스 상담을 하는 중에 단골고객이 전화로 이미 약속한 계약을 파기할 것을 통보해 왔다고 하자. 이 상황에서 영업사원은 두 가지 문제에 직면하게 된다. 하나는 단골고객에게 계약 파기를 다시 철회하도록 설득하는 것이고, 또 다른 하나는 새로운 고객 앞에서 이런 정보를 누설하지 않는 것이다. 영업사원이 당황하여 전화로 고객을 책망한다면 단골고객을 잃을 뿐만 아니라 새로운 고객을 확보할 수도 없다.

훌륭한 영업사원이라면 "네 알겠습니다. 하지만 지금 다른 분과 긴급히 상의해야 할 일이 있으니, 내일 자세하게 대화를 나누어 보는 것이 어떻겠습니까?"라고 말할 것이다. 단골고객과 계약을 유지할 수 있는 기회를 유보했을 뿐만 아니라 새로운 고객의 마음도 획득할 수 있다. 새로운 고객은 영업사원이 자신을 중요하게 여긴다고 생각할 것이며, 자신을 위해 중요한 약속을 거절한 것으로 여긴다.

긴급한 상황에서 숨 돌릴 시간을 얻는 계책이 바로 완병지계(緩兵之

計)이다. 자신이 여유와 틈을 가지면 상대를 지치게 하거나 공세 타이밍을 놓치게 만들 수 있다. 일상생활에서 완병지계의 용도는 무궁무진하다.

어떤 사람에게 무언가를 요구받았을 때 그것을 수용할 방법이 전혀 없다고 하자. 하지만 체면이나 친분을 생각하면 직설적으로 거절하기 어렵다. 이 경우에는 먼저 상대방의 요구를 승낙한 후 그것을 완수하기 위해 노력했으나 결론적으로 그러지 못해 후회스럽다는 마음을 표시한다.

아는 사람이 직장을 알선해 달라고 부탁했다고 가정하자. 당신의 능력으로 들어줄 수 없는 것이라면 어떻게 해야 할까? 한마디로 거절하면 서로의 관계가 불편해질 것이다. 나중에 그에게 도움을 청했을 때 들어주지 않을지도 모른다. 이런 부탁을 받았을 때는 최대한 노력하고 있다는 인상을 심어주어야 한다.

먼저 상대에게 이력서를 요청한다. 그러고는 "내일 당신의 이력서를 들고 잘 아는 사람에게 한번 알아볼게요. 며칠 후 다시 연락하는 것이 어때요?"라고 말한다. 며칠 후 상대보다 먼저 연락하거나 방문해서 "며칠 동안 여러 군데 알아보았는데, A기관은 그렇게 희망적이지 않고, B기관은 좀 고려해 봐야 한다는군요"라고 말한다. 다시 며칠이 지난 후 "정말 미안해요. 내가 아는 사람에게 알아보았지만 성과가 없군요. 내 능력 밖인 것 같아요. 다음 기회에 다시 연락하기로 해요"라고 말하면 된다.

비즈니스를 하다 보면 상품가격을 저가로 납품해 줄 것을 요청받는 경우가 있다. 이럴 때 "좋습니다. 최대한 노력해 보겠습니다"라고 대답하고 상대가 원하는 제품과 수량을 물어본다. 그 다음 상대가 연락하기 전에 자신이 먼저 전화를 걸거나 방문하여 이미 책임자를 만나보았는데 어렵다고 대답한다. 또는 모든 상품이 이미 전량 예약이 되어 있으니 다음 기회에 연락하자 등의 핑계를 대면 된다.

하지만 완병지계도 긴급한 시기에 가끔 사용해야 한다. 자주 사용할 경우 쉽게 빈틈을 노출시켜 책망을 받게 된다. 사람들은 신용이 있는 사람을 좋아하며, 극소수만이 부탁을 들어줄 수 없는 어려운 상황을 이해할 것이다.

선발제인:먼저 공격하여 남을 제압한다

마케팅에서 가장 중요한 원칙은 바로 '상대가 먼저 노(No)라고 말하지 않게 하는 것'이다. 상대가 우리의 마케팅 전략을 받아들이지 않는다는 사실을 알고 있다 하더라도 상대의 관심을 끌 만한 주제로 대화를 이끌어가야 한다. 이때 상대가 직접 자신의 입으로 거절 의사를 밝힐 기회를 주지 않아야 한다. 일단 자신의 입으로 '노(No)' 혹은 '예스(Yes)'라고 입장을 밝힌 경우에는 이를 반박하는 것에 대해 적개심을 가지게 된다. 상대가 이미 우리에게 무언가를 요구했을 때 거절하기는 쉽지 않다. 선발제인(先發制人)이 필요한 이유가 바로 여기에 있다. 상대의 요구가 입 밖으로 나오지 않게 하는 것이다.

동한 초, 광무제의 누이인 호양 공주의 남편이 죽자 그녀는 시름에 빠졌다. 광무제는 새로이 호양 공주가 마음에 들어할 남편감을 찾기로 했는데, 호양 공주는 재주와 학식이 뛰어난 송홍이라는 자를 마음에 두고 있었다. 광무제는 송홍을 입궐시켜 먼저 다른 이야기를 나누었다. 그러고는 넌지시 물었다.

"고귀하면 벗을 사귀기 쉽고, 부유하면 처를 두기 쉽다는 속담이 있는데 이는 인지상정이 아닌가?"

송홍은 이미 호양 공주가 자신을 마음에 두고 있다는 소문을 듣고 있던 중 광무제가 이런 물음을 건네자 그의 의도를 알 수 있었다. 송홍은 깊이 생각한 후 회답했다.

"신(臣) 역시 빈곤하고 천할 때 사귄 친구는 잊지 말아야 하며, 조강지처는 버리지 말아야 한다는 말을 들은 적이 있습니다. 이것 역시 인지상정이 아니겠습니까?"

광무제는 이 말을 듣고 송홍의 인품에 깊은 감명을 받았으며, 호양 공주도 군신 사이에 나누는 대화를 듣고 송홍이 말하고자 하는 의미를 알았다.

상대가 변명하지 못하게끔 선수를 친다면 상대도 더 이상 강요할 수 없을 것이다. 요구를 승낙하기 싫은 것이 아니라 진정으로 도와줄 마음은 있지만 능력이 안 된다고 하는데 무슨 할 말이 있겠는가? "골치 아픈 문제군요" 혹은 "어떻게 하지?" 등의 말은 상대의 요구를 승낙할 마음은 있다는 의미이다. 하지만 승낙의 말을 아직 입 밖으로 낸 것은 아니다. 결국 상대는 "다음 기회에 다시 부탁드리겠습니다"라는 말만 남기고 부득이 자리를 떠날 수밖에 없다. 상대방도 불쾌한 기분을 가지는 것은 물론이다.

요구를 승낙할 수 없는 이유를 추궁할 경우에는 "그 이유를 물으시는데, 한마디로 말하기 어렵군요"라고 말한다. 요구를 받아들일 방법이 없다는 것을 강조한 다음 상대에게 "그러면 어떻게 해야 좋을지 한번 말씀해 주시겠어요?"라고 반문하면, 상대는 자신의 요구 수준을 낮추거나 철회할 것이다. 이것은 상대에게 공을 넘겨 상대 스스로 '노(No)'라는 결론을 도출하게 함으로써 원망을 사지 않는 방법이다.

차화헌불:남의 꽃을 빌려 부처에게 바친다

단도직입적으로 '들어줄 수 없어', '잘 모르겠어' 등의 말로 거절하면 융통성이 없어 보이며, 상대방이 스스로 물러날 여지를 주지 않는 것이다. 이런 경우 차화헌불(借花獻佛)처럼 완곡하고 겸손한 방법을 사용하면 된다. 차화헌불은 직접적으로 거절하기 곤란할 때 다른 사람의 말을 빌려 암시하거나 비유법을 사용하여 완곡하게 거절 의사를 나타내는 것을 말한다. 즉 상대의 원한을 초래하지도 피동적인 입장에 빠지지도 않게 된다.

서한 때 대장군 이광은 사마천을 자신의 부하로 삼기 위해 그에게 백벽(白璧, 흰 칠을 한 벽)을 선물했다.

"이렇게 윤택하고, 빛나다니 정말 완벽하구나."

사마천은 백벽을 한 번 쓰다듬고 나서 이렇게 감탄했다. 옆에서 이를 보고 있던 그의 부인이 조용히 물었다.

"정말 이 물건을 받을 생각이십니까?"

사마천은 부인의 말을 못 들은 척하며 말했다.

"백벽을 진귀한 보물로 여기는 이유는 상흔과 오점이 없기 때문입니다. 그래서 백벽은 완전무결의 대명사로 여겨지고 있습니다. 사람이라고 어찌 이런 도리에서 벗어나겠습니까? 저는 품계가 낮은 보통 관리입니다. 한 번도 백벽과 비교된다고 생각해 본 적이 없습니다. 이 귀중한 백벽을 받게 되면 저의 상흔과 오점은 더욱 많아질 것입니다."

이렇게 말하고 나서 사마천은 감사의 글을 사신에게 적어 보냈다.

"대장군의 두터운 정은 마음속 깊이 기억하겠습니다. 하지만 공 없이 상을 받으면 만백성의 웃음거리가 될 것입니다. 백벽은 돌려드리오니 양해를 바랍니다."

차화헌불의 '화(花)'는 각양각색일 수 있다. 타인의 말, 평가, 비평 혹은 찬양이 될 수 있으며, 다른 사람의 문제 역시 '화'가 될 수 있다. 명언이나 속담을 '화'로 사용한 경우를 생각해 보자. 독서 애호가는 보통 남에게 책을 빌려주는 것을 좋아하지 않는다. 하지만 가끔 거절하기 곤란한 상황에 직면하게 된다.

재미있는 친구가 한 명 있는데 '책과 아내는 빌려주는 것이 아니다'라는 말을 어디서 들었는지 책꽂이에 그 문구를 붙여놓은 것을 보았다. 방문객들은 몇 마디 말로 그 친구를 놀렸지만 아무도 그에게 책을 빌려 달라고 하지 않았다. 일상생활에서 자주 사용하는 말을 '화'로 사용하는 것보다 이런 속담을 이용하는 것이 더욱더 유머와 운치를 더해 주며, 상대방이 거절을 쉽게 받아들이게 한다.

화제를 유도하라

중국 속담에 '왕고좌우이언저(王顧左右而言她)'라는 말이 있다. 이는 현재 토론하는 문제와 관계없는 다른 문제를 꺼내 화제를 다른 쪽으로 유도한다는 뜻이다.

전국시대 위령공이 백성들을 동원해 궁궐을 지으려고 하자, 공사의 책임자인 완춘이 간언했다.

"날씨가 너무 추우므로 이 시기에 백성을 동원한다면 많은 사람들이 동사할 것입니다."

"날씨가 추운가?"

이해가 되지 않는다는 듯 위령공이 물었다. 완춘은 직접 그 물음에 답하지 않고 질문했다.

"대왕께서는 지금 여우털로 짠 외투를 입고 있습니까? 앉을 때는 곰의 털로 짠 방석을 사용하십니까? 방 안의 네 귀퉁이에 있는 화로는 모두 활활 타오릅니까?"

위령공은 자신의 첫 질문과 무관한 세 가지 질문을 통해 자신의 우매함을 깨달았다.

사람들은 타인의 부탁을 거절할 때 심한 죄책감을 느끼며, 대범하지 못한 사람들은 습관적으로 변명거리를 찾게 된다. 변명을 할수록 마음이 불안해지고, 그렇게 되면 변명은 더욱 구체적인 형태로 변하게 되며, 상대방은 변명을 반박할 기회를 쉽게 찾게 된다.

친구가 돈을 빌려달라고 부탁했을 때 "지금 가지고 있는 돈이 얼마 없는데……"라고 말한다면, 그는 "그럼 있는 것만이라도 빌려줘"라고 말할 수 있다. "지금은 빌려줄 수 없을 것 같아"라고 말한다면 "기다릴 수 있어"라는 대답을 듣게 된다. 상대방에게 일단 거짓말이 들통 나면 그 거짓말은 상대의 공격 목표가 될 수 있으며, 당신은 거짓말 때문에 죄책감을 느낄 것이다. 그리고 죄책감은 거절하려고 하는 마음이 흔들리게 만든다.

심리학자는 거짓말을 할 때 "정말 바빠" 혹은 "처리해야 할 중요한 일이 있어" 등과 같이 가능한 모호하게 말하는 것이 좋다고 한다.

감정의 앙금을 없애라

타일파장유일유(打一巴掌柔一揉)라는 말은 거절하기 전(前)과 거절한 후(後) 채택해야 할 책략을 말한다. 상대의 요청을 거절하기 전에 먼저 상대를 칭찬한다. 상대의 의견이나 인격을 인정한 다음 거절하는 것이다. 편집자가 작가의 원고를 거절할 때는 보통 먼저 격려의 말을 한다. 격려의 말은 진통제와 같아서 작가의 고통을 줄여주기 때문이다. 작가는 편집자의 격려의 말을 듣고 여전히 희망이 있다고 생각하여 지속적으로 노력하게 될 것이다.

먼저 인정한 다음 거절하는 기교에서 접속사는 중요한 역할을 한다. "당신의 곤란을 잘 압니다만, 그러나……", "당신이 말하고자 하는 점은 잘 압니다. 또한 저도 당신의 의견에 찬성합니다. 그러나……." 혹은 "제가 그 일을 맡았더라도 당신처럼 처리했을 겁니다. 단지……" 등등.

남에게 거절당한다는 것은 어떤 이유에서든지 유쾌하지 않다. 어떤 경우든 감정의 앙금이 남게 마련이다. 따라서 상대와 지속적으로 좋은 관계를 유지하려면 거절한 후 관계를 개선하기 위해 노력해야 한다.

당근과 채찍

금전적인 부탁을 거절하는 가장 좋은 방법은 "돈이 없어 살기 힘들다"는 말로 선수를 치는 것이다. 상대방이 곤경에 처한 상황을 동정한 다음 자신의 곤란한 처지를 이야기한다. 인간관계에 영향을 주지 않으면서 상대의 요구를 거절할 수 있다.

칭찬은 상대의 불유쾌한 감정을 무마하는 좋은 방법이다. 판매원에게 다양한 서비스를 제공받았지만 결국 그 상품을 구입하지 않기로 결정했다면, 지금까지 제공받은 서비스에 대해 칭찬한다. 그러면 상대도 조금은 마음이 편안해질 것이다.

경영자 역시 이런 태도가 필요하다. 직원이 고생하여 작성한 보고서가 마음에 들지 않을 경우 다시 작성하라고 하기 전에 노력한 부분은 인정해 주어야 한다. 그리고 수정할 부분을 지적해 주어 업무에 대한 자신감을 가질 수 있도록 해야 한다. '당근과 채찍'은 여전히 가장 원시적이면서도 가장 완벽한 방법이다. 타인의 요구를 거절하는 것과 동시에 물러날 곳을 마련해 주어야 한다.

강연을 요청받은 상황을 예로 들어보자. 시간적 여유가 없는데도 상대와의 관계를 생각하면 무작정 거절하기 곤란할 때가 있다. 이때는 상대의 요청을 거절한 다음 적당한 사람을 추천해 주거나 소개해 준다. 성의 있는 태도는 상대방에게 강한 인상을 심어줄 것이다. 하지만 다음에도 이와 같은 상황이 발생했을 때는 가능한 한 거절하지 않는 것이 좋다.

어떤 때는 상대의 요청을 승낙하는 것이 오히려 거절하는 효과를 발휘할 수 있다. 모임에 참가해 달라고 부탁했을 때, "좋습니다. 선약을 취소하지요"라고 말한다면 더 이상 고집스럽게 요구하지 않을 것이며, 오히려 자신의 일을 중히 여긴다고 느끼게 된다. 승낙의 말을 자연스럽게 거절로 연결시킬 수 있는 사람은 이미 인간관계의 오묘한 원리를 파악한 것이다. 그런 사람은 이미 성공에 근접한 것이다. 거절할 때는 상대방이 난처한 입장에 빠지지 않도록 노력하는 한편 자신도 피동적인 입장에 처하지 않도록 주의해야 한다. 이렇게 함으로써 거절하면서도 서로의 관계를 유지할 수 있다.

연단 위의 뜨거운 카리스마 10

순자는 "언어의 미는 심원하고 위대하다"고 말했다.
강연할 때 사용하는 언어의 매력은
아름답고 정대함에 있다.

매력적인 언어의 힘

강연할 때 사용하는 언어의 매력은 아름답고 정대함에 있다. 문자 그대로 강연은 강(講)의 내용과 연(演)의 형상이 결합한 형태로 둘 가운데 어느 하나라도 부족하면 강연이 될 수 없다. 강과 연의 바탕에는 현장감이라는 요소가 존재한다.

미국의 전 대통령 링컨은 변호사였을 때 한 전도사가 생동감 넘치는 몸짓과 뇌성과 같은 목소리로 연설하는 것을 본 후 그의 강연 모습을 따라 배우기 시작했다. 변호할 때 진실감을 더욱 살리기 위해 링컨은 도보로 종종 30마일이나 떨어진 법원까지 가서 변호사의 변론을 듣고, 그들이 어떻게 변론하는지 또 몸동작을 어떻게 하는지를 배웠다.

강연은 독특한 교류 방식으로 문서를 주고받거나 일상적인 대화를 하는 것과는 다르다. 작문과 사고방식을 구상하는 단계에서 다른 종류의 언어 교류와 차이를 보인다. 그 이유는 구상을 할 때 마치 직접 현장에서 강연하는 것처럼 상상하면서 내용과 언어, 구조 등을 선택해야 하기 때문이다. 이것은 현장감을 최대한 반영하고 강연의 효과를 향상하기 위해 반드시 필요한 과정이다. 그러면 강연에 사용하는 언어는 어떠해야 하는지를 살펴보자.

첫째 현장의 분위기를 잘 표현할 수 있어야 한다. 정교하고 세밀하게 구성된 회화체 언어를 사용하여 어휘, 구절, 어감 모두 대화하는 분위기를 강하게 풍겨야 하며, 자연스럽고 매끄러워야 한다. 공문서 양식처럼 딱딱하거나 노래 가사처럼 가벼워서도 안 된다. 초안을 작성할 때 다른 문체가 가진 부정적인 요소를 최대한 배재한 채 감정을 잘 몰입시킬 수 있고, 현장감을 최대한 살릴 수 있는 언어를 사용해야 한다.

둘째 분위기를 조절하거나 통제하는 데 적합해야 한다. 강연자는 청중의 반응을 적절히 조절하고 통제할 수 있어야 한다. 그러므로 반드시 청중의 상상력, 감정, 의지, 경험 등을 자극할 수 있는 문장을 구상해야 한다. 그래야만 청중에게 적절한 긴장감과 여유를 주어 현장의 분위기를 압도할 수 있다.

더불어 청중들이 자발적으로 참여할 수 있는 분위기를 만들어 서로 교류할 수 있어야 한다. 강연의 목적과 내용에 맞추어 원고의 문장을 구상해야 하며, 기승전결(起承轉結)의 각 전환점마다 적절한 기교로 자연스럽게 강연이 진행될 수 있도록 해야 한다. 강연 중간에 적당한 손동작으로 청중의 감정을 촉발할 수도 있고, 분위기가 가라앉을 때는 유머러스한 말로 청중들의 주의를 집중시킬 수도 있다. 강연할 때는 반드시 예측 불가능한 현장 상황에 대비하는 마음가짐을 가져야 한다.

셋째 현장의 환경과 부합해야 한다. 강연은 일정한 시간과 장소에서 이루어지는 행위이기 때문에, 강의를 준비할 때는 때와 장소를 충분히 고려해야 한다. 도시와 농촌, 고향과 타향, 가벼운 간담회와 성대한 예식, 낮과 밤 등의 환경적 요인은 강연 내용을 구상하는 단계에서 고려해야 할 중요한 요인이다. 또한 환경에 적합한 생각, 감정, 생활의 경험 등을 강연에 접목한다면 독특한 분위기와 언어적 특색을 나타낼 수도 있다.

남송 초(初), 송나라 고종 황제가 막 하루의 업무를 끝내고 퇴청하려고 할 때였다. 악비 장군이 금나라와의 전쟁에서 돌아와 황제를 알현하기 위해 입궐했다. 악비는 전쟁 상황을 간단히 보고한 후 송과 금의 말에 관한 이야기를 꺼냈다. 고종은 "악비 장군, 최근에 좋은 말을 얻은 것이 없는가?"라고 물어보았다. 그러자 악비가 말했다.

"신에게 준마 두 필이 있었는데, 먹는 양이 보통 말의 몇 배에 달했습니다. 또한 그 말은 식성이 고상하여 깨끗하지 않은 음식은 쳐다보지도 않았습니다. 기량은 보통 말을 훨씬 능가하여 새벽에 출발할 때는 달리는 속도가 그렇게 빠르지 않지만, 180리에 이르러서는 화살처럼 쏜살같이 달릴 수 있었으며, 오후에도 여전히 힘이 넘쳐 저녁까지 200리를 더 달릴 수 있었습니다. 또한 목적지에 도착하여 살펴보니 호흡이 자연스러울 뿐만 아니라 땀 한 방울도 흘리지 않았습니다. 그러므로 널리 이런 준마를 찾는다면 중임(重任)을 맡길 만합니다."

고종은 머리를 끄덕였다. 이에 악비가 덧붙였다.

"애석하게도 얼마 전에 그 준마 두 필이 모두 죽었습니다. 지금 타고 있는 저 말은 아무 음식이나 잘 먹고, 더러운 물도 잘 마십니다만 몇백 리도 못 가서 기력이 다해 숨을 헐떡거리며 온몸에 땀이 비 오듯이 흘러내립니다. 이런 말은 적게 먹고 쉽게 만족하며, 재간을 뽐내지만 뒷심이 없으니 무딘 화살과 같습니다."

고종은 악비가 말(馬)에 비유하여 인재를 아껴야 한다는 것을 말하고 있다는 것을 알았다. 비록 충고와 비평이 내포되어 있으나, 그것은 단지 암시일 뿐 직접적으로 말한 것은 아니었다. 고종은 이 말을 듣고 말했다.

"진정 맞는 말이네. 내가 좋은 말을 얻게 된다면, 반드시 그 말을 귀하게 여길 것이야."

이처럼 교묘(巧妙)하고 자연스럽게 환경 요소를 인용함으로써 장소에 더욱 부합되는 강연을 할 수도 있으며, 마음에서 우러나오는 동감을 얻을 수 있다.

그들만의 방식을 취하라

훌륭한 강연이 되려면 현장감을 살리는 것 이외에 청중의 시각에서 생각하고 분석해야 한다. 이를 위해 강연자는 다음의 몇 가지 문제를 생각해 보아야 한다. 모든 강연자는 자신의 강연이 설득력과 매력으로 충만하기를 바란다. 강연자가 청중의 시각에서 문제를 생각하고 분석한다면 강연은 청중의 감흥을 불러일으킬 뿐만 아니라 이성적으로 청중을 설득시킬 수 있다.

첫째 청중의 입장에서 생각하라.

강연자가 청중의 입장과 상황을 고려한다면 청중의 심리적 요구를 최대한 만족시킬 수 있다.

1972년 미국의 대통령 닉슨이 중국을 방문했을 때 송별식에서 다음과 같은 축사를 했다.

"어제 우리는 몇억의 시청자와 함께 중국의 만리장성을 보았습니다. 나는 어제 만리장성을 향해 첫발을 내딛는 순간 이 성벽을 짓기 위해 희생된 중국인의 고귀한 희생을 생각해 보았습니다. 만리장성은 중국의 유구한 역사와 시종 변함없는 독립된 중국인의 결심을 표현한 것이라고 느꼈습니다. 만리장성은 우리에게 중국의 위대한 역사와 이런 기적을 이룩한 중국인에게 위대한 미래가 있다는 것을 알려주었습니다."

닉슨은 중국인이 자랑하는 만리장성에 찬사를 보냄으로써 자리에 앉아 있던 모든 중국 관리의 호감을 얻었을 뿐만 아니라 양국 정부의 이념상의 차이로 초래된 그림자를 제거했다. '만리장성'을 소재로 꺼낸 것은 "우리 사이의 성벽을 허물자"라는 의미를 비유한 것이다. 청중의 입장을 적절히 고려하여 강연한다면 이렇듯 무거운 주제를 가볍게 표현하면서 감동을 이끌어낼 수 있다.

둘째 청중이 실제로 그런 상황에 처한 것처럼 느끼게 만들어라.

강연자와 청중은 서로의 상황이 다르므로 사물에 대한 생각도 다를 수밖에 없다. 청중이 어떠한 상황에 처한 것처럼 느끼게 할 수 있다면, 강연자와 청중은 서로 심리적 교감을 느낄 수 있을 것이며 행동과 감정이 일치되는 것을 경험할 수 있다.

셋째 강연자는 청중이 생각하는 가설에서 출발하여 공통된 인식을 이끌어 낸다.

옛날 그리스의 유명한 무신론자였던 에피쿠로스가 몇 명의 유신론자에게 신이 존재하지 않는다는 사실을 웅변했다. 에피쿠로스는 유신론자에게 "당신은 신이 존재한다고 믿습니까?"라고 물어보았다. 유신론자가 "믿어요"라고 대답하자, 에피쿠로스는 이렇게 말했다.

"그러면 아마 세 종류의 신이 존재할 것입니다. 세상의 악을 제거하기를 원하지만 능력이 없거나, 악을 제거할 능력은 있지만 원하지를 않거나, 혹은 악을 제거할 능력이 있으며 악을 제거하기를 원하는 신이죠."

에피쿠로스는 이 세 가지를 전제로 다시 추론했다.

"세상의 악을 제거하길 원하지만 능력이 없다면, 신은 만능이라고 볼 수 없습니다. 이런 무능력한 존재는 우리가 생각하는 신의 본성과 모순됩니다. 악을 제거할 능력은 있지만 원하질 않는다면 이것은 신의 악의를 나타내며, 이런 결론은 앞과 동일하게 신의 본성과 모순된 것입니다. 악을 제거할 능력도 있고 또한 그것을 제거하기를 원한다면(이것이 유일하게 신의 본성과 부합하는 가설이다), 도대체 왜 그런 상황에서 이 세계는 이렇게 악으로 가득 차 있단 말입니까?"

에피쿠로스는 비록 '신은 존재하지 않는다'는 결론을 제시하지 않았지만, 그 의미는 이미 무언중에 상대방에게 충분히 전달되었다. 세 개의 부정할 수 없는 전제조건을 앞에 제시하고 강연을 시작했기 때문에 유신론자는 반론을 제기하기 어려웠을 것이다.

청중들은 각각 자연적 특징(성별, 연령 및 종족 등), 심리적 특징(감정, 의지, 취미 등), 사회적 특징(문화, 교양, 지위 등)이 모두 다르므로 강연할 때는 반드시 청중이 듣기를 원하는 방식으로 자신의 견해를 발표해야 한다.

빠르고 강렬하게

입체적으로 사고함으로써 강연은 설득력을 가지게 된다. 입체적인 사고란 한쪽 방면으로만 사고하는 것이 아니라 쌍방 또는 다방면에서 생각하고 역발상과 변증법적인 사고 등을 포함한다. 이런 사고방식을 강연에 다양하게 적용할 수 있을 때 우리는 입체적인 변론을 할 수 있다. 따라서 강연 제목을 선택한 후 우선적으로 고려할 사항은 강연 제목에 부합하는 구조를 만드는 것이다.

여기서 구조란 주제에 따라 재료를 조합하고 배열할 수 있도록 문장의 틀을 만드는 것이다. 강연 내용을 몇 가지 부문으로 구성할지, 또 어떤 부문에서 무엇을 말할 것인지는 모두 구조와 관련된다. 강연의 성패는 구조에 달려 있다. 구조의 핵심을 파악했다면 강연은 순조롭게 진행될 것이다.

응대의 말과 의견

본론에 들어가는 것은 빠를수록 좋다. 강사는 청중들이 신속하게 강연에 몰입할 수 있도록 본론에 들어가는 속도와 방식을 적절히 안배해야 한다. 여기서 '빠르다'는 것은 단도직입적으로 말하는 것을 의미한다. 또한 논리 전개의 기복과 변화상의 자연스러움도 역시 중요하다. 이를 위해 다음의 몇 가지 방식을 원활하게 운용할 수 있어야 한다.

첫째 단도직입적으로 본론에 들어간다. 엥겔의 「마르크스 묘 앞에서의 연설」 초안은 마르크스의 죽음으로 시작하여 자신이 표현하고자 하는 주제로 바로 넘어간다. 하지만 객관적이고 냉정한 서술로는 자신이 의도하는 분위기로 신속하게 청중을 이끌기 어려웠다. 따라서 엥겔은 이 부분을 수정하여 바로 본론으로 들어가 '마르크스 사상의 중단', '영원히 잠이 들었다'와 같은 직접적인 문장을 사용했다. 이 방법은 청중을 비통함과 숙연한 분위기로 신속히 몰아넣었으며, 원만한 리듬의 원래 원고보다 더 강렬하게 감정을 전달했다.

둘째 돌려 말하는 것으로 청중의 주의력을 높인다. 앞의 문장에서는 빠르고 직접적으로 주제에 접근할 것을 요구했다. 하지만 주제에 접근할 때 어느 정도 우회적인 방법을 사용하는 것이 더 효과적일 때가 있다. 즉 요점만 간단히 말하지 않고 몇 마디 더 사용함으로써 청중의 호기심을 자극하여 주의력과 집중력을 향상시킬 수 있다.

셋째 강렬한 대조를 통해 강한 인상을 심어준다. 한 강연장에서 발생한 일을 예로 들어보자. 어느 날 '사내대장부에 관해 논하다'라는 주제의 강연이 있었다. 강연자의 첫말은 일반적으로 흔히 접하는 겸손의 말과 특별히 다른 점이 없었으며, 주제에서 벗어나지도 않았다. 왜냐하면 강연자는 막연하고 끊임없이 어려움에 관해 말했기 때문이다. 강연자는 다음과 같이 말하였다.

"나는 주최 측의 의도가 무엇인지 잘 알지 못해 어려움을 느끼고 있습니다. 이것이 저의 첫 번째 어려움입니다. 오늘 나는 처음으로 이 학교를 방문했습니다. 모든 것이 낯설어 보이는군요. 낯선 환경에서 사람들은 쉽게 적응하지 못한다고 느끼게 됩니다. 이것이 저의 두 번째 어려움입니다. 게다가 몇 명의 학생이 앞서 멋진 강연을 하여 열렬한 박수를 받았는데, 그것이 저의 스트레스를 높이는군요. 이것이 저의 세 번째 어려움입니다. 강연을 위해 간단히 원고를 준비했는데, 안경을 두고 왔습니다. 이것이 저의 네 번째 어려움입니다."

서두를 장황하게 꺼내는 것을 보고 그 강사가 말을 돌려 하는 스타일이라는 느낌을 받았다. 그는 네 가지 어려움을 말한 후 갑자기 화제를 바꿨다. 강연자는 다음과 같이 말했다.

"이미 강단에 올라온 이상 용기를 내어 최선을 다해야 강단을 떳떳하게 내려갈 수 있다고 생각합니다. 왜냐하면 제가 선택한 강연 제목이 '사내대장부에 관해 논하다'이기 때문입니다."

강사는 '사내대장부에 관해 논하다'에서 말하고자 하는 '용기'에 관한 주제와 '두려움 혹은 어려움'을 동시에 언급하여 선명하게 대비시킴으로써 청중의 관심을 유도했다.

요점과 목적

도입 부분에서 제목 또는 논점의 방식을 제시했다면, 그 다음에는 각각의 논거 또는 서술할 요점으로 바로 들어간다. 이 부분의 의의는 강연 내용의 전개 방향을 결정하는 데 있다. 즉 청중에게 실마리를 제공하며 강연 내용을 예측할 수 있게 하는 것이다. 요점과 목적을 명확하게 제시하고 유기적으로 결합하기 위한 몇 가지 방식을 살펴보자.

첫째 중심 단어를 선택하여 청중의 주의력을 끌어낸다. 앞에서 언급한 「사내대장부에 관해 논하다」의 강연 중 강사는 '용기'를 강조하기 위해 고의로 '용(勇)'과 대비되는 '난(難, 어려움)'이라는 글자를 선택했다. 하지만 이것은 그냥 생겨난 말이 아니다. 강연자가 본인이 처한 네 가지 어려움을 청중에게 먼저 알린 이유는 어려운 상황을 헤쳐 나가는 용기가 있어야 사내대장부라고 할 수 있다는 점을 강조하기 위해서였다. 용기도 상황에 따라 그 가치가 다르다. '난(難)'의 배경하에서 '용(勇)'은 더 빛나게 되며, 청중의 주의력도 자연히 배(倍)가 되는 것이다.

둘째 언어의 전환과 대립을 사용할 수 있다. 이러한 방법은 청중을 새로운 감정의 세계로 이끈다. 미국의 노예해방론자인 프레더릭 더글러스는 '노예제도를 비판한다'라는 강연에서 질문을 통해 주제를 소개했다.

"오늘 제가 왜 이 자리에서 발표를 할까요? 저와 저의 노예 형제가 여러분의 국경일과 무슨 관계가 있을까요? 오늘 저는 여러분과 달리 처량한 심정으로 국경일을 이야기합니다. 저는 여러분의 즐거운 행렬에 동참할 수 없군요. 당신의 독립은 더욱더 서로간의 좁힐 수 없는 차이만을 부각시키기 때문입니다."

그는 '노예제 폐지'라는 취지를 직접적으로 말하지 않았다. 그 대신 즐겁고 밝은 이미지의 '국경일'과 상반된 '처량함'이란 글자를 택해 청중의 동정심을 불러일으켰다.

셋째 자문자답(自問自答)의 방식을 사용하면 청중에게 가까이 다가갈 수 있을 뿐만 아니라, 청중 또한 강연을 주의 깊게 들을 수 있다. 영국의 수상 처칠은 취임 연설에서 자문자답 방식을 사용하여 연설을 더욱 매력적으로 만들었다. 재임 승낙 연설에서 처칠은 이렇게 말했다.

"당신이 '나의 정책이 무엇인가?'라고 묻는다면 나는 당신에게 대답하길 나의 정책은 ㅇㅇㅇ라고 할 것입니다. 당신이 '나의 목표가 무엇인가?'라고 묻는다면 나는 한마디로 나의 목표는 승리라고 대답할 것입니다. 승리를 얻기 위해 저는 어떠한 대가도 치를 것입니다."

자문자답 방식의 특징은 최대한 간략하고 명확한 언어를 사용하여 청중의 주의력을 흡입한다는 점이다.

넷째 강연의 목적을 자세히 밝히는 부분이므로 세련되고 진실한 문구를 사용한다. 이 부분은 정해진 격식에 구애받지 않고 문장의 앞뒤 또는 중간에 둘 수 있다. 이 부분의 관건은 '얼마나 신선하게 상세한 내막을 담고 있는가?'이다. 따라서 최대한 이성과 감성을 융합하여 사람들에게 강하고 깊은 인상을 심어주어야 한다. 다음은 몇 가지 기법을 소개한 것이다.

① 감정을 자극할 수 있는 어휘로 청중의 공감을 불러일으킨다.

미국의 흑인인권운동가 마틴 루터 킹은 '나에게는 꿈이 있습니다'라는 강연에서 강연의 취지를 명확히 나타내기 위해 '나의 꿈은 어느 날'이라는 문구를 반복했다. 이 문구를 통해 청중들은 자신이 그리는 꿈속의 광경을 보는 것처럼 느낄 수 있었다. 실제로 이것은 매우 예술적인 방법이라고 할 수 있다.

② 세련된 문장으로 취지를 표현한다.

비록 문장을 세련되게 표현하기가 쉽지 않은 일이지만, 문장의 반복, 전환, 배열 등의 방법으로 세련된 명언을 만들어낼 수 있다. 케네디 대통령의 취임 연설은 처음에는 별달리 새로울 것이 없었다. 하지만 연설이 막바지에 이르렀을 때 그는 연속적으로 두 개의 구절을 반복하여 신선하면서 깊은 의미를 던져주었다. 케네디 대통령의 연설 마지막 부분의 내용은 다음과 같다.

"국가가 당신을 위해 무엇을 해줄 것인가를 묻지 말고 당신이 국가를 위해 무엇을 할 것인가를 물어보라. 국가가 당신을 위해 무엇을 해줄 것인가를 묻지 말고 우리가 공동으로 인류의 자유를 위해 무엇을 할 것인가를 물어보라."

③ 귀에 익숙한 말을 예술적으로 사용하라.

여기서 귀에 익숙한 말이란 고사성어와 같이 쉽게 이해할 수 있고 자주 사용되는 말을 의미한다. 이런 말을 사용한다고 해서 문화 수준이 낮은 것으로 오해하지 마라. 강연을 할 때 이런 말을 적절히 혼합하고 가미하여 문장을 다듬는다면 기존의 의미와 다른 새로운 해석이 가능할 것이며, 예술적인 멋을 한껏 풍길 수 있다.

첫 1분을 사로잡는 말

강연이 성공할지 또는 실패할지는 첫말을 어떻게 시작하느냐에 달려 있다. 흔히 글의 시작 부문이 가장 쓰기 어렵다고 한다. 강연도 마찬

가지이다. 청중이 강연의 서두에 흥미를 잃기 시작하면 이어질 말이 아무리 재미있는 내용이라도 다시 관심을 기울이기 어렵다. 청중들은 평탄하고 일반적인 논조에는 귀를 잘 기울이지 않는다.

자신만의 독특한 첫말은 청중의 주의력을 집중시킬 뿐만 아니라 강연 분위기를 한층 밝게 만든다. 1991년경 대만에서 열린 시상식에서 한 영화배우가 첫 인사말을 "여러분을 만나게 돼서 반갑습니다. 하지만 관중 여러분은 불행히도 저를 다시 보게 되었군요"라고 꺼냈다. 독특한 첫마디 덕분에 그의 이름은 널리 알려졌다. 일반적으로 첫말을 시작하는 방법에는 다음과 같은 것들이 있다.

첫째 주변의 사소한 주제로 분위기를 부드럽게 하라.

무대에 오르자마자 바로 연설을 시작하면 딱딱한 느낌을 줄 수 있다. 사소한 일상생활, 주위 경치 또는 무대 앞의 청중을 소재로 가볍게 인사말을 건넨 다음 본론으로 들어가는 것이 좋다. 이렇게 함으로써 청중은 본인도 느끼지 못하는 사이에 강연에 집중하게 된다.

중국의 주룽지 총리는 한 기자간담회에서 연설을 하기 전 다음과 같이 첫말을 꺼냈다.

"오늘은 제가 총리로 취임한 후 세 번째 맞이하는 기자간담회입니다. 이 기회를 빌려 방송 관계자들에게 안부를 전합니다. 또한 운이 좋아 오늘 발언권을 얻으시길 기원합니다."

이 말로 인해 간담회의 분위기는 한결 부드러워졌으며, 기자들은 총리에게 친근감을 느끼게 되었다. 하지만 분위기를 부드럽게 하기 위해 고의로 말을 돌리는 것은 옳지 못하며 주제와 내용이 상충되어서는 안 된다.

둘째 일화를 사용하라.

강연을 시작하기 전에 일화를 언급함으로써 청중의 흥미를 자극할 수 있다. 하지만 일화의 내용이 짧고 무겁지 않으면서도 의미심장한 메시지를 전하는 것이어야 한다. 물론 강연의 주제와도 관계가 있어야 한다. 1962년 82세의 맥아더가 모교인 웨스트포인트 사관학교를 방문했을 때의 일이다. 그의 눈에 풀 한 포기 나무 한 그루 모두가 옛날을 회상시키며 다시 청춘으로 돌아간 것 같았다. 그는 수여식에서 다음과 같은 첫 마디로 연설을 시작했다.

"오늘 아침 숙소에서 나올 때 접객원이 저에게 '장군님, 어딜 가십니까?'라고 물었습니다. '웨스트'란 말을 꺼내자 그는 즉시 '아! 그 지방 좋지요. 이전에 방문해 보셨습니까?'라고 물어보더군요."

이 간단한 일화는 사람들의 마음속에 심어져 있는 웨스트포인트 사관학교의 위치를 단적으로 보여주었으며, 청중들의 자부심을 불러일으켰다. 또한 모교에 대한 맥아더의 그리움을 가장 적절하게 표현한 것이었다. 이렇게 서두를 꺼낸 후 맥아더는 '책임, 영예, 국가'라는 세 가지 주제에 관해 연설해 청중들에게 깊은 감동을 주었다.

셋째 흥미를 유발하라.

호기심은 사람의 천성 가운데 하나이다. 청중이 의문을 가지게 만들어 흥미를 유발하는 것도 좋은 방법이다. 특히 강연의 서두에 청중이 호기심을 가지게 한다면 예상치 못한 성과를 얻을 수 있다. 하지만 너무 빈번하게 사용하면 효과가 떨어지므로 주의해야 한다. 또한 의문점을 가지게 하고 그 해답을 알려주지 않는다면 오히려 역효과를 유발할 수 있다.

점에서 면으로, 표면에서 내면으로

강연에는 주제가 있어야 한다. 무의미하게 설교만 늘어놓는 것은 강연이라고 볼 수 없다. 주제를 올바르게 표현하는 방법은 강연 소재의 본질을 다양한 접근 방법을 이용해 이성적으로 파악하는 것이다. 이런 방법을 통해 청중의 감흥을 자아내고 청중의 사고를 좀 더 높은 경지로 인도할 수 있다. 그러면 실제 강연에서 사용할 수 있는 몇 가지 방법을 알아보자.

첫째 점에서 면으로 이야기를 전개한다.

강연의 소재는 다양하다. 자신의 체험, 옛 이야기, 인물 묘사 등 거의 모든 영역에 걸쳐 있다. 이러한 것들은 전형적인 강연 소재로서 종종 주제를 한 단계 높이는 핵심이 되기도 한다. 한 가지에서 시작해 한 종류의 일부분 또는 전부로 확대할 수도 있다. 이것이 강연의 주제를 점에서 시작하여 면으로 확대하는 방법이다.

둘째 표면에서 내면으로 들어간다.

심층적인 의미를 포함한 사실적인 내용을 강연의 소재로 삼는다면 청중들은 처음에는 강연자가 말하는 의도를 이해하지 못할 수도 있다. 하지만 일단 강연자가 내용을 한 꺼풀 한 꺼풀 풀어내어 그 의미를 청중이 소화하기 좋게 정화한다면 청중은 새로운 카타르시스를 맛볼 수 있을 것이다. 이렇게 외면적이고 객관적인 사실에서 내포된 사상과 의미를 밝히는 것이 주제를 한 단계 승화시키는 좋은 방법이다.

중국의 유명한 정치가이자 사상가인 쑨원이 한 강연회에서 말했다.

"백만장자인 화교가 네덜란드에 출장을 갔습니다. 하루는 야간통행증을 가져오지 않아 경찰에 잡혀갈 상황에 처했습니다. 할 수 없이 그는 일본 기녀에게 돈을 주고 자신을 배웅해 줄 것을 요청했습니다. 당시 일본 기녀는 가난했지만 그녀의 조국이 강성했기 때문에 존중을 받았으며 통행에 제한이 없었습니다. 이에 반해 그 화교는 비록 부자였지만 그의 조국이 강성하지 못하여 일본 기녀보다도 천대를 받았습니다. 국가가 멸망한다면 우리는 도처에서 무시를 당할 것이며, 본인뿐만 아니라 자자손손 무시를 당하게 될 것입니다."

이 내용은 표면에서 내면으로 주제를 전개하는 기법을 사용한 것이다. 국가가 빈곤하고 약하면 국민도 치욕을 당한다는 도리를 설명하여 청중들로부터 강렬한 애국심을 불러일으켰다.

셋째 이치를 전환한다.

전형적인 사건 또는 자연현상을 매개체로 사용하여 다른 사물의 이치로 전환시킬 수 있다. 전환의 기교를 사용해 청중의 지혜와 통찰력을 촉발할 수 있으며, 철학적인 분위기를 만들어낼 수 있다. 중국의 한 의과대학에 근무하는 미국인 교수가 강의를 시작하기에 앞서 간단한 이야기를 소개했다.

"허리케인이 지나간 새벽에 한 남자가 해변에서 산책을 하고 있었습니다. 모래밭 물구덩이에는 허리케인에 딸려 올라온 조그만 물고기들이 갇혀 있었죠. 문득 그는 꼬마가 물구덩이 속의 물고기를 건져 올려 바다로 돌려보내는 장면을 목격했습니다. 그 남자가 꼬마에게 '꼬마야, 물구덩이 속에는 수백 수천 마리의 조그만 물고기들이 있기 때문에 너 혼자 모두 구할 수 없단다'라고 말하자 꼬마는 돌아보지도 않고 '알아요'라고 대답했습니다. 그러자 남자는 다시 '그래? 그러면 너는 왜 여전히 물고기를 건지고 있니? 그런 일에 누가 관심을 보인다고?' 하고 말했죠. 꼬마는 여전히 물고기를 건져 바다로 돌려보내면서 말했습니다. '이 물고기는 관심을 보여요. 그리고 저 물고기도 관심을 보이고, 또 저 옆에 있는 물고기도 관심을 보여요' 하고 말입니다."

이 이야기는 의대생이 당연히 가져야 할 직업의식으로 의미를 전환하여 강연 주제를 한 단계 승화시켰다. 또한 이 방법으로 강연은 한층 더 깊은 감명을 줄 수 있었다.

넷째 낡은 것에서 새로운 것으로 점화한다.

과거의 방법을 따라하고 모방하는 한편 낡은 것에서 새로운 것을 찾아 현실 감각에 맞게 재구성하는 것도 강연의 주제를 한 단계 높이는 기술이다.

다섯째 억제된 감정을 발산한다.

주제를 한 단계 높이는 방법 가운데 한 가지는 절묘한 시기에 억제된 감정을 발산할 수 있도록 유도하는 것이다. 이 기술을 이용하여 강연 분위기를 자연스럽게 고조시킬 수 있을 뿐만 아니라 강연자와 청중 사이의 감정을 일치시킬 수 있다. 또한 설득력과 예술성을 높일 수도 있다. 강연에서 이런 효과를 만들어내기 위해서는 다방면으로 훈련해야 한다. 우선 간단한 기법을 소개하면 다음과 같다.

① 속독하는 습관을 기른다. 속독은 머리를 빨리 회전하는 데 탁월한 효과가 있다. 책 한 권을 30분 만에 읽고 핵심 내용을 파악하는 연습을 한다. 짧은 시간에 핵심 내용을 파악하기 위해서는 우선 책을 빨리 넘기면서 대뇌를 최대한 신속하게 회전할 수 있어야 한다. 이때 한 페이지의 내용을 전부 읽지 말고 첫 부분과 끝 부분을 먼저 읽자. 또한 머리말과 목록은 마지막에 살펴본다. 이런 훈련을 통해 사유 능력을 향상할 수 있다.

② 예측 능력을 기른다. 회의를 하거나 상대방과 대화를 할 때 또는 TV를 시청할 때도 우리는 상대방이 다음에 무슨 말을 할 것인지 또는 줄거리가 어떻게 전개될 것인지를 종종 예측할 수 있다. 노력만 한다면 다양한 방법을 통해 빨리 사유하고 예측하는 능력을 배양할 수 있을 것이다.

③ 빨리 분석한다. 사유 능력이 뛰어나고 반응이 빠른 사람들과 자주 대화를 나누다 보면, 우리도 모르는 사이에 분석 능력이 향상되는 것을 발견할 수 있다. 그런 사람을 찾기가 어렵다면, 자신이 직접 두 가지 역할을 동시에 수행해 보는 것도 좋다. 의식적으로 훈련을 하다 보면 사유하는 것이 마치 호흡하는 것과 같이 자연스러워진다.

이런 과정을 거쳐야만 비로소 대화, 담판 및 변론의 기술이 일정한 수준 이상에 도달할 수 있으며 사고하는 데 익숙해질 수 있다.

웃으면서 사라져라

모든 강연자가 추구하는 이상적인 상황은 강연의 여운이 오랫동안 지속될 수 있도록 대단원의 막을 내리는 것이다. 강연을 끝맺는 방법은 다양하지만 그 가운데 유머러스하게 마무리하는 것도 흥취를 불러일으키는 좋은 방법이다. 강연을 웃으면서 마무리할 수 있다는 것은 강연자의 실력이 이미 성숙한 단계에 이르렀다는 것을 반증한다. 그렇게 되면 강연자 본인과 청중 모두 유쾌하고 아름다운 기억을 가지고 헤어질 수 있을 것이다. 어떻게 해야 이 같은 효과를 얻을 수 있을까?

첫째 급브레이크를 밟는 것과 같은 효과를 창출하라.

중국의 작가 루쉰이 한 도시에서 강연을 할 때, "오늘 저는 여러분께 여섯 가지 문제에 관해 강연할 것입니다" 하고 첫말을 풀어냈다. 이어서 그는 첫 번째 내용에서 다섯 번째 내용까지 조리 정연하게 강연을 진행했다. 하지만 루쉰은 다섯 번째 내용을 끝내자마자 문득 정해진 강연 시간이 얼마 남지 않았다는 것을 알았다. 그때 루쉰은 목소리를 높여 엄숙하게 "여섯 번째는 해산"이라고 말했다. 이 말을 듣고 청중은 처음에는 어리둥절했으나, 이어 우레와 같은 박수를 보냈다.

그는 급브레이크를 밟는 것과 같은 기교를 사용했는데, 이런 방법으로 정상적인 강연에 파격의 미를 첨부했을 뿐만 아니라 청중이 예상치 못한 상황을 만들어 효과를 더욱 배가했다.

둘째 소품을 이용하여 강연을 마무리하라.

　루쉰의 '상하이 중화예술대학의 강연'은 소품을 사용하여 얼마나 멋지게 강연을 마무리할 수 있는지를 보여준다. 강연 말미에 그는 다음과 같이 "이상은 몇 해 동안 예술계를 관찰하고 얻은 저의 몇 가지 견해입니다. 오늘 제가 중국의 오천 년 문화의 결정체를 하나 가져왔는데, 즐겁게 감상하시길 바랍니다"라고 말한 후 긴 소맷자락에 손을 넣어 둘둘 말린 종이 하나를 꺼냈다. 자세히 보니 그것은 때가 묻어 더러워진 달력이었다. 이 소품은 끝맺음 말과 선명한 대비를 이룸으로써 청중의 웃음을 자아냈다. 강연은 웃음으로 마치게 되었으며 그 속에서 청중은 루쉰이 말하고자 하는 깊은 의도를 깨우칠 수 있었다.

셋째 동작을 이용하여 강연을 마무리하라.

　미국의 시인이자 문학평론가인 제임스 브로어가 1883년 영국 대사로 재임할 당시 런던에서 거행된 한 파티에서 '식사 후 강연'이라는 즉석 연설을 했다. 연설의 마지막 부분에서 그는 어릴 때 들은 한 목사의 이야기를 소개했다.

　"그 목사는 야회 설법에서 예수의 일화를 설교했는데, 이렇게 첫말을 시작했습니다. '신도 여러분 태양의 운행 방식에는 세 종류가 있습니다. 첫 번째는 앞으로 나아가는 것으로 혹은 곧게 운행한다고 합니다. 두 번째는 후퇴 또는 뒤를 향해 운행한다고 합니다. 마지막으로 성경에서 언급한 것처럼 정지한 채 움직이지 않는 것입니다.'"

청중 속에서 웃음이 흘러나오기 시작했을 때 그는 청중을 향해 말했다. 그러고는 "여러분, 이 이야기에 내포된 의미를 아시겠습니까? 여러분이 이해하기를 진심으로 바랍니다"라고 말하면서 자리에서 일어나 앞으로 걸어간 다음(태양이 앞으로 운동하는 것을 의미), 다시 되돌아 걸어와(태양이 뒤로 운행하는 것을 의미) 멈춰 서서 말했다.

"이것이 우리가 방금 언급했던 태양이 정지한 상태입니다."

그는 웃음소리가 울려 퍼지는 가운데 다시 자리에 앉았.

유머러스하게 결미를 장식하는 방법이 너무 많아 일일이 열거할 수 없지만, 가장 중요한 것은 바로 유머 감각이다. 강연장의 분위기와 청중의 심리 상태에 따라 유머 감각을 적절히 이용해야만 강연의 여운이 오랫동안 지속될 수 있다.

바디랭귀지도 리허설 하라

언어의 또 다른 형태인 바디랭귀지는 강연에서 필수불가결한 요소이다. 바디랭귀지를 배우기 위해 강연장 밖에서 피나는 노력을 기울여야 하며, 강연장 안에서는 자연스럽게 배어 나올 수 있도록 습관을 들여야 한다. 강연에서 바디랭귀지에 너무 신경 쓰다 보면 어색하게 보이고 그 효과를 충분히 발휘할 수 없다. 강연 시작 전 손짓, 눈짓 및 얼굴 표정 등을 세심히 살펴보고 연습한다면 마음속에 이미 생각해 둔 행동이 자연스럽게 나올 것이며 당황하지도 않을 것이다. 하지만 바디랭귀지를 너무 많이 사용하면 효과가 떨어지므로 동작의 범위와 빈도에 주의를 기울여야 한다. 그러나 강연장의 분위기가 가라앉는 듯하면 바디랭귀지를 적당히 늘리는 것도 좋다.

바디랭귀지는 강연 내용과 상황에 부합해야 하며, 음성언어를 보조하여 단조롭고 식상한 느낌이 들기 쉬운 강연을 생동감 있게 표현할 수 있어야 한다. 엄숙한 분위기일 때는 바디랭귀지를 자주 사용하지 말고 그 대신 대담한 동작으로 대범하고 자연스러운 인상을 주어야 한다. 자연스럽게 바디랭귀지를 구사하기 위해 강연 전에 자리에 앉아 대기하는 대신 객석에 올라와 객석과 연단 사이의 거리를 대충 측정해 보자. 또한 마이크의 상태를 점검하여 청중이 강연자의 목소리를 똑똑히 들을 수 있는지 알아보고, 청중의 연령층이 어떻게 되는지도 한번 생각해 보자.

강연을 순조롭게 진행하기 위해서는 강연장에 먼저 익숙해져야 한다. 일반적으로 인간은 돌발적인 상황에 적응하기가 쉽지 않다. 무대 뒤에서 조용히 앉아 자신의 차례만 기다린다면 막상 강연이 시작될 때는 발걸음이 무거워지고, 자신의 생각을 적극적으로 표현할 수 없게 된다. 따라서 강연장 주위를 돌아보며, 분위기에 익숙해질 필요가 있다.

듣기 좋은 목소리의 힘

말재주는 타고나는 것이 아니라 피나는 노력과 훈련의 산물이다. 이런 훈련은 쉽지 않을 뿐만 아니라 체계적인 방법이 필요하다. 즉 과학적인 방법을 사용한다면 능률을 높일 수 있을 뿐만 아니라 성공의 길에 더 가깝게 다가설 수 있다. 자신에게 어울리는 방법으로 열심히 노력한다면 멋진 말솜씨를 구사할 수 있을 것이다.

목소리는 강연을 성공적으로 마치기 위해 중요한 요소이다. 사람들은 대개 부드럽고 충만한 목소리를 좋아하며, 건조하고 쉰 목소리를 꺼려한다. 듣기 좋은 목소리를 얻기 위해서는 먼저 체계적인 준비 작업이 필요하다.

첫째 호흡 조절

숨쉬기는 발성의 동력으로 자동차의 엔진에 비유할 수 있다. 숨을 어떻게 쉬는가는 발성과 직접적인 관계가 있다. 숨이 부족하면 목소리에 힘이 없고, 너무 강하게 숨을 쉬면 성대가 손상될 수 있다. 따라서 발성 연습을 하기 위해서는 먼저 호흡을 조절하는 방법을 배워야 한다.

들숨 : 호흡을 깊게 들이마시면 아랫배가 수축되고 가슴이 펴져 공기를 최대한 많이 마실 수 있다. 냄새를 맡을 때 사용하는 호흡법을 스스로 한번 체험해 보자. 단 이때 어깨를 올리지 말아야 한다.

날숨 : 숨을 천천히 내뱉어야 한다. 강연이나 낭독을 할 때는 종종 긴 호흡이 필요하다. 이때는 숨을 길고 천천히 내뱉어야만 이런 목적을 달성할 수 있다. 숨을 내쉴 때 기본적으로 양 입술을 모으고 조그만 통로를 만들어 공기가 천천히 통과할 수 있도록 해야 한다.

둘째 발성 연습

발성 연습을 하기 전에 다음과 같은 준비 동작이 필요하다. 먼저 성대를 편안하게 하고, 가벼운 기류로 성대를 진동시켜 성대가 적응할 수 있도록 한다. 절대 큰 소리로 말하거나 부르지 않아야 한다. 이것은 우리가 심한 운동을 하기 전에 간단히 몸을 푸는 것과 같은 이치이다. 성대를 충분히 움직인 다음 목 안을 풀어준다. 목은 인간의 중요한 공명기관으로 목소리가 우렁찬지 또는 윤택한지 등은 모두 목과 직접적인 관련이 있다. 목을 풀어주는 방법에는 여러 가지가 있다.

첫째, 면피운동 즉 입을 열고 닫는 연습으로 발성 연습 때 입 주위의 근육이 가볍고 자연스럽게 움직일 수 있도록 한다.

둘째, 인체의 또 다른 공명기관은 코이다. 목소리가 단조롭고 음색이 좋지 못한 이유는 발음할 때 목구멍에만 힘을 주고 가슴과 코는 전혀 사용하지 않기 때문이다. 코를 통한 공명 방법의 대표적인 사례로 소의 울음소리를 들 수 있다. 이때 공명기관 가운데 코만 너무 자주 사용한다면 코맹맹이 소리가 나기 쉬우므로 주의해야 한다. 또한 절대로 아침에 일어나자마자 실내 또는 실외에서 큰 소리로 발성 연습을 해서는 안 된다. 이런 경우 쉽게 성대가 상할 수 있으며, 특히 실내외의 온도차가 클 경우 더하다.

최고의 웅변가 탈레스의 성공 비결

강연은 자신의 내면이 말하고자 하는 것을 표현하고, 견해를 밝히는 것으로 현대사회를 살아가는 데 중요한 요소 중에 하나이다. 적게는 몇 명의 부하직원을 상대로 연설할 수 있으며, 크게는 국가 지도자 앞에서 연설을 할 수도 있다. 쉽게 말해 강연은 한 사람의 종합적 소양을 측정하는 좋은 지표인 셈이다. 강연이 성공적으로 끝나지 못했다면 그 이유는 크게 두 가지로 요약해 볼 수 있다. 하나는 자신의 부족함과 결점에 의한 것이고, 다른 하나는 기교 부족으로 인해 난처한 상황을 슬기롭게 헤쳐 나가지 못했기 때문이다.

먼저 첫 번째 이유로 강연을 멋지게 할 수 없다면 학습과 훈련으로 자신의 문제를 보완하여 실력을 향상할 수 있다. 아마 어떤 이는 "강산은 쉽게 바꿀 수 있어도 본성은 바꾸기 어렵다"는 말로 이미 자신의 몸에 밴 결점을 쉽게 바꿀 수 없다고 말할 것이다. 그러나 용기만 있다면 이미 자신의 몸에 고착화된 결점이라 할지라도 개선할 수 있다. 역사적으로 피나는 노력 끝에 자신의 결점을 보완하여 훌륭한 강연자가 된 사례는 수없이 많다. 역사상 가장 유명한 연설가인 그리스의 철학자 탈레스가 어떻게 자신의 결점을 딛고 일어났는지 알아보자.

탈레스는 천성적으로 낮은 음조를 가지고 태어났으며, 호흡이 짧고 발음이 또렷하지 않았다. 사람들은 그가 하는 말을 잘 알아듣지 못했기 때문에 그를 '말이 둔한' 사람으로 치부했다. 하지만 그는 박학다식한 사람으로 생각이 심오하고 논리적으로 문제를 분석하는 능력이 탁월했다. 당시 아테네는 정치적 분쟁이 빈번하여 말을 잘하고 변론에 능한 사람을 중요하게 여겼다. 말하는 기교가 부족한 것이 장래에 장애가 된다고 생각한 탈레스는 충분히 생각하고 고민한 끝에 멋진 원고를 준비하여 강연했다. 그러나 불행하게도 탈레스는 실패를 맛보았다. 저음과 불분명한 말소리 때문에 사람들은 그가 도대체 무슨 말을 하는지 명확히 알아들을 수 없었다. 하지만 탈레스는 포기하지 않고 더 열심히 노력하여 자신의 담량과 의지력을 북돋웠다. 탈레스는 매일 해변가를 달려가 주위의 기암괴석을 마주 보고 큰 소리로 말하는 연습을 했다. 집에 돌아와서는 거울 앞에서 입 모양이 어떻게 변하는지를 유심히 살펴가며 발음 연습을 했다. 이렇게 몇 년 동안 연습한 뒤, 탈레스는 27살에 다시 무대에 올라 강연을 시작했다. 노력이 결실을 맺어 탈레스의 강연을 들은 사람들이 갈채와 박수를 보내기 시작했고, 그의 이름은 널리 알려지기 시작했다.

발음과 음성은 노력으로 개선할 수 있다. 하지만 아무리 탈레스가 분명한 발음과 매력적인 음성을 보유했어도 심오한 생각과 분석 능력이 뒷받침되지 않았다면 최고의 웅변가로 이름을 알리지는 못했을 것이다. 강연 기교가 부족할 때 우리가 피해야 할 사항은 다음과 같다.

첫째 생각나는 대로 말하는 것

강연 내용은 상황에 맞고 시효성이 있어야 한다. 따라서 강연하기 전에 반드시 주제와 청중에 관해 연구해야 한다. 또한 발생 가능한 상황에 대한 이해를 기초로 강연 내용을 작성해야 한다. 어떤 강연자는 주제를 완벽히 이해하고 파악하지 않아 강연 내용에 경중(輕重)이 없는 경우가 있다. 결국 이리저리 헤매다 자기 자신도 무슨 말을 하는지 모를 지경에 빠지게 된다. 강연자 자신이 무슨 말을 하는지 잘 모른다면 청중은 더 말할 필요도 없을 것이다.

둘째 청중을 무시하는 태도

어떤 강연자는 자신의 실력을 과대평가하고 강연장 아래에 있는 청중을 무시하는 태도를 보일 때가 있다. 자신의 견해를 나타낼 때에도 현실감이 떨어진 말을 하여 청중의 반감을 쉽게 불러일으킨다.

셋째 자신을 지나치게 낮추는 행위

강연에서는 자신을 객관적이고 공정하게 평가할 필요가 있으며, 대범하게 자신의 견해를 밝혀야 한다. 하지만 어떤 강연자는 청중의 기분을 언짢게 하지 않으려고 자신에 대한 인식과 평가를 기준 아래로 낮추는 경우가 있다. 과도한 겸손은 자신의 진정한 능력과 기백을 나타낼 수 없을 뿐만 아니라 청중이 정확한 판단을 내리는 것을 방해한다.

넷째 애매모호한 말

강연에서는 정해진 시간 내에 자신에 대한 기본 사항, 강연 내용의 특징과 생각을 간단 명료하면서도 흥미진진하게 전달해야 한다. 하지만 때때로 강연의 경중과 완급을 파악하지 못한 경우가 발생한다. 강연자는 거침없이 자연스럽게 강연한다고 생각하지만 청중은 강연자의 말이 분명하지 않거나 말하는 속도가 너무 빠르면 도대체 무슨 말을 하는지 못 알아들을 때가 있다.

다섯째 요란한 몸가짐

몸가짐은 한 사람의 사상과 품성을 나타내는 행위이다. 강연은 공식적이며 엄숙한 활동으로 청중은 자신의 미학적 관점을 기준으로 강연자를 평가한다. 따라서 강연자는 격식이 있고, 검소하며, 대범함을 나타낼 수 있는 옷을 입는 것이 좋다. 화려한 몸치장이나 너무 자유로운 몸가짐은 오히려 청중에게 좋지 않은 인상을 줄 수 있으며, 강연 효과를 떨어뜨릴 수 있다.

이상의 내용은 강연할 때 항상 기억하고 경계하길 바란다. 강연은 자신을 충분히 표현하고 능력을 펼쳐 보일 수 있는 무대이다. 발생 가능한 각종 실수를 피하고, 객관적이고 공정하게 자신을 평가하여 진실한 모습을 청중에게 보일 수 있다면 성공적인 강연을 할 수 있다.

논쟁, 차가운 언어의 기술　11

논쟁은 일종의 지식, 지모를 겨루는 것이다.
논쟁할 대상을 철저히 분석한 다음
상대방이 제시한 논증을 반박하여
미처 손쓸 틈이 없도록 만들어야 한다.

즉흥적인 반박의 기술

변론은 논증과 반박의 두 가지 기본 구조로 구성된다. 우선 논증은 어떤 관점에 대한 자신의 견해와 이론적 논리 과정을 표현하는 것으로, 반박의 기초가 된다. 논증은 견고하고 엄숙하게 해야 한다. 이론적 근거가 견고해야만 상대방의 논리에 반격할 수 있으며, 엄숙해야만 간결하고 세련되게 자신의 논리를 전개할 수 있다.

변론은 학술적인 연구가 아니므로 수많은 이론이 있다 하더라도 정해진 변론 시간에 사용할 수는 없다. 그 이론들은 때때로 변론하기에 너무 무거운 주제이기 때문이다. 따라서 변론을 하려면 자신의 이론과 관점을 명확하게 파악하고 있어야 한다. 능숙하게 변론하는 법을 아는 사람은 논증이 합금과 같다는 점을 알고 있다. 한편으로는 창조가 필요하지만 다른 한편으로는 간결하고 세련되며 실용적이어야 한다. 변론에서 이런 조화를 이루지 않는다면 노력한 만큼 효과를 보기 어렵다.

변론에서 필요한 논증을 제시하지 못한다면, 반박은 억지로 우기는 것으로밖에 볼 수 없다. 변론에서 자신의 논증이 안정되지 못한다면, 상대방의 공격을 받을 뿐만 아니라 반격할 수단도 잃게 된다. 여기에서 볼 수 있듯이 논증의 좋고 나쁨은 변론의 성패와 직접적으로 관련이 있다. 변론에서 논증이 특히 강조되는 이유가 여기에 있다. 아래는 몇 가지 논증 방법을 간단히 소개한 것이다.

첫째 논증은 불의의 일격을 가할 수 있어야 하며, 깨뜨림으로써 새로이 탄생한다.

변론은 일종의 지식과 지모를 겨루는 것이다. 변론할 대상을 철저히 분석한 다음 상대방이 제시한 논증의 방벽을 돌파하고, 새로운 개념으로 반박하여 미처 손쓸 틈이 없도록 만들어야 한다. 이상의 과정을 잘 준수한다면 공격과 방어가 자유로울 수 있다.

둘째 논증하기 어려울 경우 다른 길을 찾아야 한다.

종종 논리나 이론적으로 변론하기 어려울 때가 있다. 이럴 경우 어쩔 수 없이 '빼앗아 가지는 방법'을 이용해야 한다. 즉 새로운 개념을 도입하여 곤란한 상황을 헤쳐 나가는 것이다.

한 중국 작가가 등단을 한 후 얼마 지나지 않아 도박에 빠졌다. 작가는 그후로 단 한 작품도 발표할 수 없었다. 친구들이 도박을 그만두고 마음과 정신을 정리하여 글을 쓰라고 권했으나, 그는 오히려 미소를 띠며 이렇게 말했다.

"나는 작가일세. 그러면 어떤 것이든 직접 체험해 봐야 하지 않겠나? 내가 최근에 장편소설 하나를 구상하고 있는데 도박사를 주인공으로 다루고 있네. 생각해 보게. 내가 도박장에 가서 직접 체험하지 않는다면 어떻게 글을 쓸 수 있겠나?"

동료들은 그의 말을 듣고 어리둥절했다. 그러나 그중 한 친구가 말했다.

"도박사에 대한 글을 쓰기 위해 직접 도박을 해보아야 한다면, 소매치기를 소재로 한다면 먼저 돈지갑을 훔쳐보아야 하고, 살인자에 대한 글을 쓰려면 먼저 살인을 해봐야 하겠군."

작가는 더 이상 반박할 말을 찾지 못했다.

셋째 논증은 개념이 아닌 묘사에서 시작된다.

우리는 논증할 때 개념 정의가 필요하다는 사실을 회피할 수 없다. 개념 정의란 기본 관점을 명확하게 표현하는 것으로, 논증할 때 우리의 기본 입장을 밝혀주는 주요한 방법이다. 하지만 변론을 할 때 매 개념마다 정의를 내린다면 상대방에게 반격의 실마리를 제공하는 것과 같다. 또한 개념을 너무 명확하게 정리하면 변론 도중 빠져나갈 여지를 스스로 줄이는 결과를 초래한다. 따라서 변론이 개념적인 문제에 직면하게 될 때는 그 의미를 어느 정도 숨길 필요가 있다. 즉 묘사를 이용해 변론의 위기를 수월하게 넘겨야 한다. 묘사란 개념의 본질적인 의미를 밝히지 않고 실제 현상으로 표현하는 것이다.

중국 정부가 향후 이루어야 할 사회 과제로 제시하고 있는 '원바오(溫飽)'라는 개념을 예로 설명해 보자. 이것은 '사회에서 대부분의 사람이 먹고 입는 것에 곤란을 느끼지 않는 상태'를 말한다. 그러면 상대방은 즉시 "당신이 말하는 사회의 개념은 어떤 것입니까? 하나의 단체를 말하는 것입니까, 아니면 하나의 국가를 말하는 것입니까?"라고 추궁하듯이 물어볼 수 있다. 또는 "당신이 말하는 대부분의 사람이 구체적으로 함축하는 의미는 무엇입니까? 인구의 60퍼센트입니까? 아니면 70퍼센트 혹은 80퍼센트를 뜻하는 것입니까?"라고 물어볼 수 있다. 이런 질문에 계속 답하다 보면 수많은 새로운 문제와 피동적인 상황에 직면할 수밖에 없다.

한 변론대회에서 어느 대학팀이 '원바오'를 "음식을 배불리 먹고, 따뜻한 옷을 입을 수 있는 것을 말합니다"라고 묘사했다. 어떤 새로운 문구도 첨가하지 않고, 단지 동의어를 반복하여 표현한 것일 뿐인데도 사람들은 '원바오'의 개념을 분명히 느낄 수 있었을 뿐만 아니라 상대방이 공격할 어떠한 구실도 제공하지 않았다.

변론을 할 때는 묘사를 적당히 이용하여 한편으로는 자신의 의견을 분명하게 표현하고 다른 한편으로는 적당히 숨겨야 한다. 즉 상대방이 우리의 관점에 내포된 근본적인 문제를 찾아내 공격할 수 없도록 해야 한다. 변론에서 논증은 즉흥적이고 변화무쌍한 과정이다. 이 과정에서 우리가 이용할 수 있는 전술은 수없이 많다. 이 글에서 언급한 것은 실제로 자주 사용되는 몇 가지를 소개한 것으로 실전에서는 더 많은 방법을 배우고 습득해야 한다.

약한 고리를 찾아 집중 공격하라

앞에서 살펴보았듯이 변론은 논증과 반박의 과정이라고 볼 수 있다. 그 가운데 반박은 특히 지혜가 그 핵심이다. 그러면 성공적인 변론 사례를 통해 응용할 수 있는 기술을 배워보자.

첫째 상대방의 말을 통해 드러난 사실에서 반박할 돌파구를 찾는다.

1921년 펑위시앙이 산시성의 독군(중화민국 때 지방 최고의 군사사령관을 말함—옮긴이)으로 부임한 지 얼마 지나지 않았을 때였다. 미국인과 영국인 각각 한 명이 중난산에서 사냥을 하여 야생소 두 마리를 포획했다. 두 사람은 기쁜 마음으로 시안으로 돌아와 펑위시앙을 만났다. 그는 미국인과 영국인이 사냥 이야기를 할 때 슬며시 물어보았다. "당신들 중난산에서 사냥을 할 때 주위 사람에게 알아보았습니까? 허가증을 받았습니까?"

이들은 중국에 머문 지 오래되어, 당시의 고위층과도 깊은 끈이 닿아 있었다. 작은 지방의 독군이 그들의 눈에 차지 않았던지, 그들은 거드름을 피우며 대답했다. "주인 없는 소를 사냥한 건데 누구에게 통지를 한단 말입니까?" 그러자 펑위시앙은 두 서양인의 위세를 꺾어놓아야겠다고 생각했다.

"중난산은 산시성의 관할이며, 야생소는 중국의 재산으로 어떻게 주인이 없다고 할 수 있습니까? 당신들이 지방 정부에 통지하지 않고 사냥을 했으니 이것은 명백한 위법행위입니다."

그들은 여전히 생각할 가치도 없다는 듯 득의양양한 표정으로 대꾸

했다.

"중국의 외교부가 발행한 여권에는 분명히 사냥총을 소지하고 다녀도 된다고 적혀 있습니다. 당신의 정부가 이미 허락한 것을 어찌 위법이라고 하는 게요?"

이에 펑위시앙은 냉소를 지으며 되물었다.

"당신들에게 사냥총 소지를 허락한 사실을 사냥을 허락한 것과 동일시한다면, 당신들에게 권총 소지를 허락했다면 살인을 허락한 것과 같습니까?"

이 말을 듣고 서양인들은 아무런 반론을 제기하지 못했다.

국가의 존엄과 관련된 변론에서 두 서양인은 먼저 막무가내로 자신들의 생각을 주장했고, 그것이 받아들여지지 않자 외교부의 위세를 빌려 반박하려 했다. 또한 사냥총 소지를 허락한 것과 사냥을 허락한 것이 동일한 의미라는 듯한 착각을 불러일으켰다. 펑위시앙이 이 문제에 첨예하게 대립했다면 오히려 난처한 입장에 빠졌을지도 모른다. 그러나 상대의 주장을 차분히 들어보면 그 주장 속에 내포된 궤변을 명확히 밝힐 수 있다. 이는 상대방이 자신이 한 말로 인해 스스로 무너지게 하는 방법이다. 즉 '상대방의 말로써 상대방을 공격하는 것'이다. 이 방법은 자존심을 상하게 하지 않으면서 상대방을 진심으로 감복시킬 수 있다.

둘째 적의 주력점을 피하고 약한 연결고리를 찾아 불의의 일격을 가한다.

상대방이 제시한 사실들에서 모순과 실책을 파악하기 어려울 수도 있다. 이때는 잠시 상대방이 주장하는 주력(主力)은 피하고 대신 그것을 반문(反問)함으로써 공격력을 약화시킬 수 있다. 이를 위해서는 반문으로 반드시 상대방의 관점을 직접적으로 공격해야 한다. 이는 반박의 강도와 관련된 문제이다. 한 일화를 통해 알아보기로 하자.

미국의 남북전쟁 이후 앨런과 존은 나란히 국회의원 선거에 참여했다. 선거유세에서 앨런은 주민들의 신임을 얻기 위해 연설을 했다.

"주민 여러분, 바로 17년 전 어제저녁은 제가 병사를 인솔하고 여기서 적들과 치열한 전투를 벌인 날입니다. 치열한 혈전 이후 저는 나무 아래에서 잠이 들곤 했습니다. 여러분이 아직 그 치열한 전투를 기억하고 계신다면, 이번 선거에서 고난과 역경을 헤치고 큰 공을 세운 사람을 잊지 말아 주시길 바랍니다."

존이 발언할 차례가 오자 그는 다음과 같이 말했다.

"주민 여러분, 조금 전 앨런의 발언은 정말 멋있었습니다. 그는 실제로 그 전투에서 큰 공을 세웠습니다. 저는 당시에 앨런 밑에서 사병으로 있었습니다. 저는 그를 대신하여 죽음을 무릅쓰고 전투에 나갔으며, 적진에 용감히 뛰어들었습니다. 그리고 그가 나무 밑에서 잠이 들었을 때 무거운 군장을 멘 채 무기를 옆에 들고 황야에서 찬바람을 맞으며 그를 보호했습니다. 장군들이 잠들 때 초병들은 보초를 섭니다. 앨런에게 투표하십시오. 앨런에게 투표하지 않으신다면 저에게 한 표 부탁드립니다."

여기서 존은 전쟁이라는 문제에 대해 논쟁하지 않았으며, 앨런과 대립하지도 않았다. 그는 단지 자신이 느낀 것을 있는 그대로 말했을 뿐이다. 장군은 비록 고생해도 나무 아래에서 잠들 수가 있었다. 하지만 자신은 장군을 보호하기 위해 잠을 이룰 수 없었다는 사실을 주민들에게 인식시켰다. 이렇듯 변론은 문제를 어떤 각도에서 보는가에 따라 새로운 느낌을 줄 수 있다.

위의 사례는 반박하는 각도의 중요성을 강조한 것이다. 반박할 부분을 정확히 선택할 수 있어야만 변론의 본질적인 특징을 파악하여 반박의 설득력과 감흥을 높일 수 있다. 또한 반박할 부분을 교묘하게 선택해야 승리를 획득할 수 있다는 사실을 보여준다. 반문을 이용한 반박의 미(美)를 확실히 이해하지 못한 독자를 위해 또 다른 간단한 사례를 알아보자.

한번은 한 외교관이 링컨 대통령이 직접 자신의 신발을 닦는 것을 보고 "대통령께서는 자신의 신발을 자주 닦습니까?"라고 물어보았다. 링컨은 고개조차 들지 않고 "예. 그러면 당신은 누구의 신발을 자주 닦습니까?"라고 되물어 보았다.

셋째 교묘히 접근하고 비교하여 이해하라.

변론에서 취급하는 문제들은 비교적 변화가 많다. 따라서 우리는 반드시 상대방이 제시한 문제로 현장을 사로잡아야 한다. 즉 변론에 대한 변론이 필요하다. 상대방의 실책을 언급한 후 반드시 그 실책을 구체적으로 형상화해 비교와 과장을 통해 공격한다. 이것이 현장감을 살리면서도 기세를 표출하는 방법이다.

서역(중국 한나라 시대 서쪽 지방을 지칭했던 말로 오늘날의 중앙아시아 지역을 일컫는다—옮긴이)에서 온 구장법사가 신도들에게 한참 설교를 하고 있을 때 갑자기 한 아이가 일어나 큰 소리로 떠들었다.

한참 기분 좋게 설교하던 구장법사는 아이 때문에 자신의 설교가 중단되자 화가 났다. 그래서 아이에게 조롱조로 "꼬마야, 너는 키는 작은데 목소리는 정말 크구나. 키로 갈 영양분이 모두 너의 목소리로 간 것이냐"라고 말했다. 그러자 아이는 즉시 "법사님의 눈언저리는 들어갔는데 코는 높이 솟아 있군요. 눈으로 갈 영양분이 모두 법사님의 코로 간 것 같습니다"라고 반격했다. 이 말을 듣고 구장법사는 분노로 얼굴이 벌개졌으나 단 아래에서는 웃음소리가 요란하게 울려 퍼졌다.

난국을 돌파하는 4가지 기교

변론은 지혜의 게임이며 생각을 표출하는 것이므로 사유하는 능력이 필요하다. 사고가 빨리 진행되어야만 분명하고 힘이 있으며, 문학적인 표현을 할 수 있고 신속하게 고지를 장악할 수 있다. 상대방의 결점을 포착했을 때 신속하게 반격하고, 반대로 상대방에게 결점을 잡혔을 때는 교묘하게 방어해야 한다. 흔히 말하는 입체적인 사유와 변론은 이런 것을 의미한다. 변론이 긴장 상태로 접어들어 그 분위기가 최고점에 이르렀으나, 상대방은 여전히 공세의 고삐를 늦추지 않고 있는 상황을 상상해 보자.

우리가 수세에 몰려 있는 상황에서 상대방과 첨예하게 대립한다면 상대를 설득할 수 없다. 오히려 변론을 난국으로 몰아갈 수도 있고, 심할 경우 서로의 모순만 더 커진다. 그렇다고 해서 변론에서 약한 모습을 보인다면 우리는 수동적인 상태에 빠질 수 있다. 즉 어떤 상황에 놓이더라도 변론이 가지는 본래의 의의는 퇴색하게 된다. 이럴 때는 여러 가지 기교를 사용하여 난국을 돌파할 필요가 있다. 아래는 변론이 난국에 접어들었을 때 이를 돌파할 수 있는 몇 가지 방법을 제시한 것이다.

첫째 권위 있는 말을 사용한다.

구체적인 문제에서 잠시 벗어나 누구나 보편적으로 받아들이는 권위 있는 말을 사용하라. 예로 속담이나 경구 등은 설득력을 높이고 상대방에게 '이것은 일종의 진리이다'라는 착각을 불러일으킨다. 어떤 사람도 보편적인 진리 앞에서는 무릎을 꿇기 때문이다. 상대방이 우리에게 결단을 내리도록 압박할 때 "속담에 '서두르면 될 일도 안 된다'고 하질 않습니까? 이 중요한 시점에 잠시 우리 쪽을 먼저 든든히 한 후 장기적인 계획을 세워봅시다"라고 말한다.

상대방이 풍부한 지식을 바탕으로 우리의 무지를 공격할 때 "속담에 '알면서 행하지 않는 것은 모르는 것과 같다'라는 말이 있지 않습니까? 우리는 이 점을 한번 생각해 봐야 합니다"고 말할 수 있다. 혹은 "옳으면 지지를 받고 그르면 지지를 받지 못한다는 사실을 기억하십시오. 당신의 주장이 맞을 수도 있지만 관건은 다른 사람의 인정을 받을 수 있는가 하는 것입니다"라고 말할 수도 있다.

권위 있는 말을 사용함으로써 상대의 진용을 흔들어놓을 수 있고, 자신의 진지를 다시 복구할 수 있다. 일단 상대방의 공세를 무디게 만들면 난국을 타개할 길이 보인다.

둘째 변명거리를 찾는다.

변명 역시 난국을 헤쳐 나가는 좋은 방법 가운데 하나이다. 예로

"당신이 말하는 의미는 완전히 이해하지만 서로의 감정을 상하면서까지 그렇게 심하게 말할 필요가 있을까요? 사실 당신 쪽에서도 전혀 문제가 없었던 것은 아니지 않습니까? 너무 사람을 무시하는 것 같군요. 정말 참기 어렵습니다"라고 말할 수 있다. 이런 변명을 시작하기 전에 당신은 분명히 수세에 몰린 상태일 것이다. 따라서 쉽게 상대방을 반격할 수 있도록 반드시 화제에서 변명거리를 찾아야 한다.

상대를 흔들기 위해 끊임없이 질문을 던지는 것도 효율적인 방법이다. "조금 전 검토할 필요가 있다고 했는데 무슨 의미입니까?" 혹은 "조금 전 전부가 참여할 수 있는 메커니즘을 만들자고 했는데 여기서 전부란 어느 정도를 말하는 것입니까? 또한 어떤 방식으로 참여해야 하죠?"와 같이 끊임없이 질문을 던진다면 상대방은 머지않아 약점을 드러낼 것이다. 결국 상대방은 귀찮아서 "이런 작은 일은 별로 중요하지 않아요"라고 말할 것이고, 이때가 바로 당신이 기다리던 기회이다. "어떻게 작은 일이라고 말할 수 있습니까! 의문점이 있으면 당신이 설명해 주어야 하지 않습니까. 설명해 주지 않으면 제가 어떻게 완전히 이해할 수 있겠습니까"라고 멋지게 반박할 수 있다. 하지만 이 방법을 사용할 때 아래의 두 가지 점을 반드시 기억해야 한다.

먼저 명백한 사실에 대해 반복하여 물어보는 것이다. 그렇게 하면 상대방은 짜증이 날 것이고, 귀찮아서 더 이상 이 문제에 대해 언급하는 것을 포기할 것이다. 이 방법은 일종의 성동격서(聲東擊西, 동쪽에서 소리를 지르고 서쪽을 친다는 뜻) 방식이다. 우리의 약점을 주목하지 않도록 상대방의 주의력을 다른 곳으로 돌리는 최고의 방법은 전혀 상관없는 말을 계속 하는 것이다. 이렇게 함으로써 상대방이 조리 있게 말하는 것을 방해할 수도 있다. 상대방이 노발대발하여 한층 더 논증을 보태려고 할 때 명백한 사실을 반복하여 물어봄으로써 조리 있게 말하지 못하게 하는 것이다. 예로 "다시 한 번 확인해 보려고 합니다만", "한번 생각해 보신다면" 등의 말을 반복하는 것이다.

두 번째는 상대방이 불분명한 말에 대해 정의하도록 유도하는 것이다. '조정', '검토', '촉진' 등의 말이 이에 해당한다. 일단 상대방이 약점을 보이면 그전보다 공세가 더욱 맹렬해지지는 않을 것이다.

셋째 **'예를 들어'라는 말을 자주 사용한다.**

이것 역시 곤경을 벗어나는 좋은 방법이다. 상대방이 논리정연하게 이론을 한껏 늘어놓으려고 할 때 "예를 들어 어떤 사례가 있나요?", "예를 들어 어떤 상황에 적합한가요?", "예를 들어 직장생활에서의 사례 하나를 들어보시죠" 등의 질문을 던진다. 비록 상대방의 말이 이치에 맞고, 논리적이라 해도 '예를 들어'라는 질문에 답하지 못한다면 혼란스러워지게 된다. 누군가로부터 사례를 요청받았을 때 즉시 대답할 수 있는 사람은 매우 드물다. 상대방은 자연히 열세의 상황에 빠지게 되고 당신은 "말은 누구나 할 수 있습니다. 하지만 구체적인 사용 방법을 모르면 아무런 의미가 없지 않습니까?"라고 말함으로써 이제까지의 곤경에서 멋지게 벗어날 수 있다.

넷째 **조소로써 상대의 진영을 흔들어라.**

이 경우에는 상대방의 약점을 먼저 공략하는 것이 가장 좋다. 단 상대방의 약점을 직접 공격할 경우 상황에 따라 반격을 받을 염려가 있다. 따라서 심리적인 공격을 하는 것이 좋다. 자부심이 강하거나 자격지심이 있는 사람이 상대방의 조소를 들었을 경우 심리적으로 강한 충격을 받게 된다. 상대방의 공격이 점점 당신의 목을 조여올 때 "나한테 무슨 뼈에 사무치는 원한이라도 있나요? 왜 그렇게 사람을 몰아세우세요"라고 말할 수 있다. 반면 상대방이 "이 사실도 몰랐니?"라고 추궁하듯이 물어올 때 당신이 "알고 있었습니다"라고 말한다면 당신은 그 순간 이미 상대방에게 지고 들어가는 것이다. 이때는 반드시 "내가 몰랐다고 한다면 당신도 믿지 않을 거 아닙니까? 당신이 아는 일을 어찌 내가 모를 수 있습니까?"라고 대답해야 한다.

교활한 문제는 교묘한 회답으로

교활한 문제로 함정을 파서 우리를 빠뜨리려는 사람들에게 정상적인 사고로 대처한다면 답을 해도 함정에 빠지고 또 답을 하지 않아도 함정에 빠지는 이중의 함정에 노출될 수 있다. 이럴 때는 사고를 전환함으로써 '교활함'을 '교활함'으로 극복해야 한다.

첫째 자초지종을 깊이 생각한 후 대답한다.

한 우화를 예로 첫 번째 대처 방법을 알아보자.

굶주린 사자 한 마리가 동물을 잡아먹기로 했다. 하지만 잡아먹을 변명거리가 필요했기에 하루는 토끼에게 입을 크게 벌리고 "냄새 한번 맡아봐, 내 입에서 무슨 냄새 나지 않니?"라고 물어보았다. 순하고 성실한 성격의 토끼는 사자의 입 주위에 가까이 다가가 냄새를 맡고는 "고약한 냄새가 나는데"라고 말했다. 그러자 사자는 크게 화를 내며 "아니 네놈이 나를 비방하다니"라고 말하고는 토끼를 잡아먹었다.

그 다음날 사자는 또 배가 고파지자 원숭이에게 똑같은 질문을 했다. 토끼가 잡아먹힌 사실을 알고 있었던 원숭이는 "아, 정말 좋은 냄새가 나는군요. 정말 좋아요"라고 대답했다. 하지만 사자는 이번에도 화를 내며 "나는 육식을 하고서도 양치질을 하지 않는데 어떻게 입에서 좋은 냄새가 나겠느냐? 거짓말쟁이가 오래 살아서 무슨 소용이 있겠어?"라고 말하고는 원숭이를 잡아먹었다.

셋째 날 배가 고파진 사자는 여우에게 똑같은 질문을 했다. 여우는 거짓으로 냄새를 맡아보고 공손한 자세로 "어제저녁 감기가 걸려 코가 막혀 있는 상태입니다. 지금은 어떠한 냄새도 맡지 못하니 며칠 후 몸 상태가 좋아지면 다시 오겠습니다"라고 대답했다. 이 말을 들은 사자는 여우를 놓아줄 수밖에 없었다. 사자가 낸 문제는 완벽한 대답을 내놓기 어려운 것이었다. 어떤 대답을 내놓더라도 죽음을 피하기 어렵다. 여우는 불완전한 질문에 불완전한 대답을 함으로써 위기를 모면할 수 있었던 것이다.

둘째 **상대의 말에서 답을 구한다.**

여러 국가의 공사(公使)를 지낸 유명한 외교관이었던 우팅팡은 비범한 말재주를 가지고 있었다. 한때 그는 영국을 방문해서 뛰어난 연설을 했다. 연설이 끝난 후 그 자리에 있던 영국의 귀부인이 그에게 다가와 악수를 청하면서 "우팅팡 선생님, 당신의 연설에 깊은 감명을 받았습니다. 이것을 기념하기 위해 애견의 이름을 우팅팡으로 바꾸기로 했습니다"라고 말했다. 우팅팡은 마음속으로는 불쾌했지만 겉으로는 평온한 목소리로 "매우 좋군요. 좋아요. 그러면 이제 당신은 매일 우팅팡을 안고 키스를 하겠군요"라고 말했다.

셋째 한발 뒤로 물러서는 것이 공격이다.

과거 중국과 소련이 양국의 변경 문제로 여러 번 담판을 벌인 적이 있는데, 그 가운데 하나를 소개하고자 한다.

소련의 한 외교관이 물었다.

"중국의 변경이 어디입니까? 만리장성이 아닙니까? 만리장성은 변경을 방비하기 위해 지은 것이 아닌가요?"

중국의 외교관은 불쾌한 감정을 억누르며 말했다.

"맞습니다. 만리장성은 변경을 방비하기 위한 것이었지요. 그러면 당신들은 변경을 방비한 공사를 기준으로 변경을 나누기를 원하십니까?"

이 말을 듣고 소련의 외교관은 웃음을 머금은 채 연신 고개를 끄덕이며 "예, 좋습니다. 좋아요"라는 대답만 반복했다. 그러자 중국의 외교관은 웃으면서 말했다.

"그러면 우리가 만리장성을 수리할 때 당신들 소련은 어디에서 변방 공사를 했습니까? 모스크바는 12세기에 와서야 성벽을 쌓았으니 그것도 영토를 방위하는 공사라고 볼 수 있겠군요. 우리가 조금 손해를 보는 것 같지만 소련의 변경은 그곳으로 정하면 되겠군요."

소련의 외교관은 더 이상 변방 공사라는 말을 꺼내지 않았다.

역설의 진리를 이용하라

우리는 유명한 변론에서 종종 반론과 역설을 접하게 된다. 반론이란 이치에는 맞지만 일반적인 규칙이나 말과 대립되는 새로운 개념을 의미한다. 반론은 비록 전통적으로 인정된 사실들과 배치되지만 진정한 이치도 포함하고 있으며 실천의 과정을 통해 검증된 것이다.

전국시대의 사상가인 묵자가 제나라 왕 전화를 만나서 말했다.

"사람의 머리로 칼의 날카로움을 실험하고자 합니다. 이 칼을 한 번 휘둘러 한 사람의 머리를 잘라낸다면 칼이 날카롭다고 할 수 있겠습니까?"

제나라의 왕이 "날카롭다고 말할 수 있다"고 대답하자, 묵자는 다시 물어보았다

"한 번 휘둘러 여러 사람의 머리를 잘라낸다면 그 칼은 정말 날카롭겠지요?"

제나라의 왕은 "정말 날카로울 것이다"라고 대답했다. 묵자는 다시 물었다.

"좋습니다. 이 칼은 분명 날카로운 것 같습니다. 하지만 칼을 휘둘러 무고한 사람을 살인한 대가는 누가 받습니까?"

제나라 왕이 대답했다.

"그 칼은 분명 머리카락도 자를 만큼 날카롭다는 명성을 얻을 것이지만 그 칼을 사용한 사람은 인과응보(因果應報)를 받을 것이다."

이 말을 듣고 묵자가 물었다.

"그러면 다른 국가를 합병하고, 군대를 소멸하며, 사람을 무참하게

살해한다면 누가 그 인과응보를 감당하겠습니까?"

제나라 왕은 머리를 숙이고 한참을 생각한 후 "내가 그것을 짊어지겠다" 하고 대답했다.

남을 반대하는 데는 용기가 필요하며, 보편적으로 인정된 말을 타파하는 데는 식견이 필요하다. 우리의 말이 상대방에게 큰 깨달음을 주지는 않더라도 잠시 새로운 견해를 접했다는 느낌은 주어야 한다.

반론보다 더 어려운 개념이 패러독스, 즉 역설이다. 논리학계에서도 많은 학자들이 패러독스와 관련된 문제로 고민하고 있다. 오래된 패러독스 가운데 특히 '거짓말쟁이의 패러독스'가 유명하다.

그레데인 가운데 한 선지자가 "그레데에 살고 있는 모든 사람 중에 거짓말쟁이가 아닌 사람이 없다"라고 말했다. 하지만 선지자 자신이 그레데인이므로 '그레데인은 모두 거짓말쟁이다'라는 말은 긍정하거나 혹은 부정하거나 모두 모순에 빠지게 된다.

근대에 유명한 패러독스로는 러셀이 제기한 '이발사의 패러독스'가 있다. 이 패러독스의 비유 방식은 다음과 같다. 어느 한 마을에 자신의 머리를 깎지 않는 사람의 머리만 깎아주는 이발사가 있었다. 그렇다면 이 이발사는 '자신의 머리를 깎을 것인가, 혹은 깎지 않을 것인가'라는 명제에 부딪치게 된다.

철학자 프리스트는 "패러독스를 수용하여 패러독스와 같이 생활하는 법을 배워야 한다"고 주장했다. 참고로 패러독스는 그리스어 para(벗어난)와 doxa(생각)의 합성어에서 유래한 것이다. 언뜻 보면 패러독스는 상식에 어긋나거나 논리적으로 자기 모순에 빠져 있는 듯하다. 하지만 패러독스는 상징적으로 진리를 암시하기 위한 표현법이다.

상식적이고 논리적인 인식으로는 진리를 포착할 수 없을 때 패러독스가 생겨난다. 인생의 깊은 진리를 파악한 사상가는 그 진리가 일상적인 의견과 충돌할수록 자신의 사상을 역설적으로 표현하고자 하는 경향이 있다.

한 예로 어떤 사람이 고대 그리스의 우화 작가인 이솝에게 "세상에서 가장 좋은 것은 무엇인가?"라고 물어보았다. 이솝은 "혀"라고 대답했다. 그러자 그는 다시 "세상에서 가장 나쁜 것은 무엇인가?"라고 물어보았다. 이번에도 이솝은 "혀"라고 대답했다.

논리적인 관점에서 보면 이솝의 대답은 사물이 가지고 있는 동일성과 상반된 개념이기는 하지만, 사실상 한 사물의 양면성을 보여준 기지 넘치고 철학적인 대답이다. 반론과 역설 모두 창조적인 사유에서 나오는 것이며, 전통적인 관점과는 모순된 형태로 생각을 표현하는 것이다.

그렇다면 반론과 역설의 차이는 무엇일까? 반론이란 제시된 관점과는 다른 새로운 견해를 도출하는 것이다. 이에 반해 역설은 표현 구조상 두 개념이 모순되고 충돌하지만 실질적인 내용은 진리를 나타내는 것이다. 반론과 역설을 적절히 사용하여 변론을 펼친다면 효과를 증대할 뿐만 아니라 철학적인 의미까지 담을 수 있다.

쓴 약 달콤하게 먹이는 법

쓴 알약이라도 겉부분에 단맛을 입힌다면 즐겁게 복용할 수 있을 뿐만 아니라 병을 쉽게 치유할 수도 있다. 다른 사람에게 충고할 때도 이 같은 도리를 생각해야 한다. 충고하기 전에는 먼저 상대방의 심리 상태를 살펴보자. 몇 마디 칭찬을 덧붙이면 상대방도 쉽게 당신의 의견을 받아들일 것이다.

전국시대에 제나라 경공은 오랜 지병인 어깨병을 앓고 있었다. 그는 어느 날 두 개의 태양과 싸우다 패하여 지상으로 떨어지는 꿈을 꾸었다. 너무 놀라 잠에서 깨어나 보니 온몸이 땀으로 흠뻑 젖어 있었다. 그 다음날 안자가 입궐하자 경공은 걱정스러운 듯이 말했다. "어젯밤 꿈에 두 개의 태양과 다투었는데, 결국 패하여 떨어지는 꿈을 꾸었소. 이 꿈은 혹시 내가 죽을 징조가 아닌가?"

안자는 해몽가를 불러들여 그 뜻을 풀이해 보라고 건의했다. 경공은 안자의 제안을 쾌히 승낙했다. 안자는 곧 해몽가를 찾아 꿈 이야기를 하며 궁궐에 들어가 풀이를 하도록 요청했다. 그러자 해몽가는 "대왕의 꿈을 반대로 해석하면 어떻겠습니까?"라고 안자에게 물어보았다. 안자는 머리를 좌우로 흔들며 말했다.

"대왕의 어깨병은 음(陰)의 기운에 해당하고, 꿈속의 두 태양은 양(陽)의 기운에 해당합니다. 하나의 음이 두 개의 양을 이길 수는 없는 법, 아마 이 꿈은 대왕의 어깨병이 완치되려는 징조인 것 같습니다. 궁에 들어가서도 이렇게 말하면 될 것입니다."

궁궐에 들어간 해몽가는 안자가 당부한 대로 꿈 풀이를 해주었다. 하지만 경공은 크게 기뻐하는 기색을 보이지 않았다. 며칠이 지난 후 경공의 오랜 지병인 어깨병이 거짓말같이 깨끗이 나았다. 경공은 이 일로 크게 기뻐하며 해몽가에게 큰 상을 주려고 했다. 해몽가는 그것을 거절하며 말했다.

"저의 공로가 아닙니다. 저는 단지 안자가 당부한 대로 말했을 뿐입니다."

해몽가의 말을 듣고 경공은 이번에는 안자에게 큰 상을 주려고 했다. 하지만 안자 역시 말했다.

"해몽가가 왕께 말했기 때문에 효과가 있었던 것입니다. 제가 직접 말했다면 왕께서는 믿지 않았을 것입니다. 따라서 그 공로는 해몽가의 것이지 저의 것이 아닙니다."

마침내 경공은 그 둘에게 모두 상을 내리며 기뻐했다.

"안자는 다른 사람과 공을 다투지 않고, 해몽가는 다른 사람의 지혜를 자기 것으로 속이지 않았으니 이 모두 군자가 갖추어야 할 귀중한 품행이다."

이 고사는 우리에게 다음과 같은 사실을 알려준다. 잘못된 것을 고치기 위해 직언하는 것은 좋은 일이다. 하지만 충고는 대개 귀에 거슬리는 법이므로 진심으로 충고를 받아들일 수 있는 사람은 드물다. 충고를 잘하는 법은 상대에게 자신은 상대방과 같은 편이며 결코 대립하지 않는다는 점을 명백히 인식시켜주는 것이다. 다른 사람에게 권고하거나 잘못을 고쳐줄 때, 상대방이 실수한 점에 대해 이해와 동정을 가지고 대함으로써 상대방의 두려움과 부끄러움, 분노를 줄여주어야 한다. 그런 다음 온화한 방법으로 잘못된 부문을 지적하면 된다.

이때 충고의 말은 적을수록 좋다. 길게 말하면 오히려 상대의 반감을 살 수 있다. 충고와 동시에 상대방을 칭찬하거나 인정해 준다면 상대방은 당신이 치우침 없이 공평하다고 여길 것이며, 기쁜 마음으로 충고를 받아들일 것이다.

나를 세일즈 하라 12

자기 마케팅은 세심하고
치밀한 기술이 필요한 과학이다.

마음을 파고드는 마케팅

한 기자가 톰 홉킨스를 취재했을 때의 일이다. 기자는 에스키모인에게 얼음을 팔 수 있는 방법을 그 자리에서 보여달라고 요청했다. 세상에 널리 알려진 마케팅 일화는 이렇게 탄생했다.

톰 홉킨스 : 안녕하세요! 에스키모인 여러분. 저는 북극얼음회사에 근무하는 톰 홉킨스입니다. 여러분이 북극 얼음을 사용해서 얻을 수많은 이점에 관해 잠시 소개해 드리겠습니다.

에스키모인 : 정말 우습군요. 북극얼음회사가 좋은 상품을 생산한다는 말을 자주 들어보았습니다. 하지만 우리가 얼음을 돈 주고 구입할 필요는 없습니다. 우리는 심지어 얼음 속에서 잠을 자는 걸요.

톰 홉킨스 : 선생님 말이 맞습니다. 선생님은 우리 회사가 생활의 질을 중요하게 여긴다는 사실을 아실 것입니다. 제가 보기에 선생님도

역시 생활의 질을 중요하게 생각하시는 것 같군요. 가격과 질이 서로 연관성이 있다는 점은 우리 모두 아는 사실입니다. 그러면 지금까지 왜 돈을 내고 얼음을 사용하지 않았는지 그 이유를 설명해 주시겠습니까?

에스키모인 : 간단하지요, 도처에 얼음이 있으니까요.

톰 홉킨스 : 옳은 말씀입니다. 선생님께서 사용하는 얼음은 누구의 관리도 받지 않은 채 주위에 널려 있지요. 맞습니까?

에스키모인 : 맞습니다. 얼음이 넘쳐나죠.

톰 홉킨스 : 현재 얼음 위에 선생님과 제가 있습니다. 저쪽 편에서 선생님의 이웃이 고기의 내장을 꺼내고 있군요. 아! 북극곰도 보이는군요. 또한 저기를 보십시오. 펭귄의 배설물이 흩어져 있군요. 한번 이 광경을 곰곰이 생각해 보십시오.

에스키모인 : 생각도 하기 싫군요.

톰 홉킨스 : 아마 이것 때문에 여기 얼음이 그렇게 더러울지도 모릅니다. 이것이 과연 좋을까요?

에스키모인 : 죄송합니다. 갑자기 몸이 좀 불편한 것 같군요.

톰 홉킨스 : 가족들이 마시는 음료수에 누구도 관리하지 않는 그런 얼음을 넣는군요. 몸에 이상이 생기지 않으려면 반드시 소독된 것을 먹어야 합니다. 그러면 소독은 어떻게 해야 할까요?

에스키모인 : 끓이면 됩니다.

톰 홉킨스 : 맞습니다. 그러면 끓인 후에는 무엇이 남지요?

에스키모인 : 물이오.

톰 홉킨스 : 그러면 물을 항상 끓여 마시는 것이 시간 낭비라고 생각하지 않습니까? 시간에 관해 말이 나왔으니 한마디 더 하겠습니다. 오

늘 계약서에 사인하신다면 바로 오늘 저녁에 깨끗하고 위생적인 북극 얼음회사의 물을 마실 수 있습니다. 아 참, 조금 전에 고기의 내장을 꺼내고 있던 이웃도 우리 회사의 제품에 관심을 보일까요?

　　에스키모인 : 더 이상 말할 필요도 없습니다. 당장 구입하겠어요.

　　미국의 심리학자 A. F. 벨은 타인의 심리와 태도를 장악할 수 있는 사람이 성공할 수 있다고 말했다. 사람의 마음을 이해하는 사람만이 사람의 마음속 깊이 파고들 수 있으며, 더욱더 많은 사람이 자신을 위해 봉사하게 만들 수 있다. 마케팅 전략을 사용함으로써 공급이 스스로 수요를 창출한다는 '세이의 법칙(Say's law)'을 다시 한 번 증명할 수 있다. 생산된 제품의 판매망이 형성될 수 있도록 촉진하는 모든 행위를 마케팅이라 부른다.

모수자천, 객반위주

　　선택되지 못한 인재 또는 혼자만의 애정은 창고 한구석에 방치된 상품과 같다. 즉 가치는 있지만 시장이 없어 최후에는 저가에 처분되는 바겐세일 상품인 셈이다.

　　전국시대 모수란 사람이 있었는데, 그는 비록 평원군의 문하에서 3년을 있었으나 용모가 뛰어나지 않고 키도 작아 그 이름이 세상에 그리 알려지지 않았다. 한번은 진나라가 대군을 이끌고 조나라를 공격했는데 상황이 무척 긴박했다.

조나라 왕은 평원군을 사신으로 삼아 초나라에 원군을 요청했다. 평원군은 사신으로 출발하기 전, 수천 명의 문객 가운데 문무가 뛰어나고 계책에 능한 20명을 뽑아 함께 출발하기로 했다. 그 가운데 19명은 이미 뽑았는데 어찌된 일인지 마지막 1명을 뽑을 수가 없었다. 마지막 1명을 선택하는 일로 평원군이 고민하고 있을 때 모수가 나아가 자신을 데려가 달라고 말했다.

평원군은 모수를 힐끗 한번 보고는 말했다.

"그대가 내 문하에 들어온 지 이미 3년이 흘렀지만 주위 사람이 자네를 칭찬하는 소리를 아직 들어보지 못했네. 이는 그대가 능력이 없음을 입증하는 것이 아니겠는가. 무릇 뛰어난 자는 마치 주머니 속의 송곳과 같아서 그 끝이 주머니를 뚫고 바깥으로 나와 금방 세상에 알려지게 마련이네. 이번 초나라 방문은 실로 중대한 일로 어찌 자네 같은 사람을 데려갈 수 있겠는가?"

이 말을 듣고 모수가 침착하게 말했다.

"평원군께서 방금 하신 말씀은 모두 옳습니다. 제가 주머니를 뚫고 나오지 않은 이유는 지금까지 주머니 속에 들어간 적이 없기 때문입니다. 일찍 주머니 속에 들어갔더라면 송곳 끝을 드러내는 데 그치지 않고 아예 자루까지 뚫고 나왔을 것입니다."

평원군은 이치에 맞는 말이라 여겨 모수를 일행에 포함시켰다. 초나라에 도착한 후 평원군은 즉시 초나라 왕을 찾아가 출병해 줄 것을 요청했으나 출병에 관한 협상은 별 진전이 없었다. 평원군을 수행한 문객들은 급한 마음에 발만 동동 구르고 있었다. 그때 갑자기 모수가 차고 있던 칼을 들고 초나라 왕을 꾸짖으며, 양국의 관계에서 시작하여 초나라가 원군을 파병해야 하는 이유를 상세히 설명하기 시작했다. 초나라 왕은 모수의 늠름한 기상과 양국의 이해관계 분석에 대해 감탄하며 그 자리에서 즉시 결맹을 맺고 원군을 파병했다.

조나라가 위기를 넘긴 후 평원군은 "모 선생의 세치혀는 백만의 군사보다도 더 강하구나. 모 선생이 스스로 나서지 않았다면 이렇게 훌륭한 인재를 못 알아보았을 것이다"고 말했다.

모수자천(毛遂自薦)의 고사성어는 우리에게 인재의 가치와 마케팅 개념에 대한 깨우침을 준다. 이는 전통적인 마케팅 개념에서의 주객 관계를 뒤바꿔 놓았기 때문이다. 어떤 관계든지 주객 관계는 항상 존재한다. 주객(主客)에서 주(主)는 주인을 말하며, 객(客)은 손님을 의미한다. 즉 주는 통치자, 지배자, 주동자 등 주도적인 위치를 일컫는 말이며, 객은 피통치자, 피지배자, 피동자 등 대응적인 위치를 말한다. 객반위주(客反爲主)란 주인은 손님처럼 손님은 주인처럼 행동한다는 말로 입장이 서로 뒤바뀐 경우를 일컬으며 주객전도와 같은 의미이다.

객반위주는 일종의 위치 전환법으로 '비아구동몽(匪我求童蒙)'의 이치가 바로 여기에 있다. 즉 아이에게 억지로 가르치려고 하지 말고 아이가 가르침을 청하도록 만들라는 뜻이다. 현대사회에서는 취업, 재테크 등 모든 분야에서 본인이 스스로 찾아나서는데, 이것이 바로 정상적인 주객 관계이다. 하지만 경쟁이 점점 치열해짐에 따라 오히려 상대방이 본인을 찾아오는 경향이 강해지고 있다. 즉 회사가 인재를 뽑기 위해 각 대학교와 취업박람회를 찾아가는 경우가 그 일례이다.

몇 년 전 선전에서 한 사람이 신문에 연봉 100만 위안에 자신을 고용할 회사를 찾는 광고를 한 일이 있다. 이 광고 후 그는 다시 10만 위안을 투자하여 '중국에서 연봉 100만 위안을 꿈꾸며'라는 간담회를 개최했다. 이런 방법으로 그는 선전에 있는 대기업에 자신을 마케팅 한 것이다.

한 사람의 정보 습득 능력은 한계가 있다. 따라서 일반적인 마케팅 방법으로 본인이 원하는 직업을 찾기는 쉽지 않다. 하지만 본인 스스로 자신을 광고함으로써 잠재적인 동업자가 본인을 찾게 할 수 있다. 이런 방법으로 우리는 더 많은 기회를 얻을 수 있으며 더 많은 선택을 할 수 있다.

용은 깊은 물에서 논다

몇 년 동안 미술계에서 활동한 화가가 있었다. 그 화가는 지방 공모전에 꾸준히 참가했지만 어떻게 된 일인지 입선 한 번 하지 못했다. 학창시절 지도교수가 이런 사정을 듣고 전국 공모전에 참가해 볼 것을 권유했다. 화가는 "지방에서도 입선하지 못했는데 전국 공모전에 참가해서 입선할 가능성이 있겠습니까?"라며 부정적인 반응을 보였다. 하지만 지도교수는 그의 질문에 대답하지 않은 채 그저 미소만 지을 뿐이었다. 그러나 결국 화가는 전국 공모전에 참가해 입선하여 명성을 얻게 되었다.

화가가 즉시 지도교수에게 전화하여 연유를 물어보자 그는 이렇게 말했다.

"전국 공모전의 심사위원은 전국 각지에서 오신 분들이라 대부분 자네와 서로 안면이 없어 단지 자네 작품만을 보게 된다네. 하지만 지방 공모전의 경우 심사위원들 모두 자네와 안면이 있어 자네를 후배 정도로 생각하지. 즉 자네 작품을 보기 전에 이미 결론을 내려놓고 있으며, 또한 자신의 동료와 제자들도 지방 공모전에 참가할 것이므로 자네 작품을 공정히 평가하지 못하는 것이지."

좁은 무대에서 성공하지 못했다고 해서 넓은 무대에서 역시 성공하지 못하라는 법은 없다. 때때로 넓은 무대에서 더 쉽게 자신의 실력을 발휘할 수 있다. "용은 깊은 물에서 논다"는 말의 의미가 바로 이것이다. 전통적인 사회 메커니즘에 의하면 인재를 뽑을 때는 자격과 경력을 우선시한다. 하지만 이제 막 사회에 첫발을 내딛는 젊은이는 대체로 경력이 많지 않다. 그러나 경력이 없다고 해서 미리 의기소침할 필요는 없다.

제갈량도 세상에 나오기 전에 병사를 다루어본 경험이 없었으며, 한고조 유방도 처음부터 황제였던 것은 아니다. 가장 중요한 것은 우리가 마음껏 날고 헤엄칠 수 있는 하늘과 바다를 찾는 것이다.

21세기의 젊은이는 세계 시장에서 자신의 미래를 찾아야 한다. 하늘을 향해 비상하거나 혹은 바다를 누비거나 상관없이 광활한 기회가 이미 우리의 눈앞에 펼쳐져 있다. 유일한 관건은 기회를 볼 수 있는 안목과 배짱이다. 용이 깊은 물에서 노는 것은 하나의 법칙인 동시에 자아실현을 위한 선택이다. 우리들 중 누가 용이 되어 깊은 물에서 놀지는 아무도 모른다. 하지만 더 큰 시장과 기회가 펼쳐져 있다는 것은 누구도 부인할 수 없는 사실이다.

판매자시장 만들기

시장경제이론에 의하면 상품의 가격은 수요와 공급의 법칙의 영향을 받는다. 수요와 공급이 균형 상태일 때 비로소 상품의 가격과 그 상품의 내재가치가 일치하게 된다. 공급이 수요를 초과할 때 즉 구매자시장(Buyer's Market)이면 가격은 일반적으로 가치보다 낮고, 수요가 공급을 초과할 때 즉 판매자시장(Seller's Market)이면 가격은 일반적으로 가치보다 높다. 판매자시장에서는 구매자 사이에 경쟁이 일어나 시장 주도권이 판매자에게로 이동되며 마케팅하기 유리한 환경이 조성된다.

프랑스의 한 농학자가 독일에서 감자를 맛본 후 프랑스 전역에 감자 종자를 퍼뜨리길 원했다. 하지만 그 농학자가 감자의 유용성을 선전할수록 사람들은 그 말을 믿지 않았다. 의사들은 감자를 건강에 해로운 작물이라고 생각했으며, 어떤 농학자는 감자가 토지를 황폐화시킬 것이라고 단언했다. 또한 종교계에서는 감자를 악마의 사과라고 불렀다. 농학자는 한참을 고민한 후 기발한 방법을 생각해 냈는데, 먼저 국왕의 윤허를 받아 수확이 잘 안 되기로 유명한 밭에 감자를 심었다. 그후 국왕의 호위병들에게 그 밭을 지키게 했으며 어떤 사람도 밭에 접근하여 감자를 캐지 못하도록 금지했다. 하지만 국왕의 시위병들은 저녁에는 모두 성으로 철수했다. 사람은 금지된 작물에 대한 유혹을 이기지 못하고 모두 밤에 와서 감자를 캐어 가 자신의 밭에 심었다. 이렇게 해서 감자가 점차 프랑스 전역에 퍼져나갔다.

농학자가 적극적으로 감자를 홍보할 때 사람들은 그의 말을 믿지 않았다. 하지만 국왕의 호위병들이 감자밭을 지키자 비로소 감자에 관심을 가지기 시작했다. 국왕의 호위병들이 감자밭을 지킴으로써 감자가 귀중품이라는 것을 사람들에게 암묵적으로 알려주었기 때문이다. 시장도 이와 같다. 쉽게 얻은 물건은 귀중함을 모르는 법이다. 소비자들의 흥미를 자극할 수 있어야만 판매자시장으로 분위기를 이끌 수 있으며, 성공적인 마케팅을 수행할 수 있다.

전국시대 제나라 왕은 진나라와 초나라에서 퍼트린 유언비어에 속아 맹상군의 명성을 시기하고, 그가 대권을 독단적으로 처리한다고 생각하여 그를 파직했다. 맹상군이 파직되자 풍훤을 제외한 다른 문객들은 모두 맹상군을 떠났다.

풍훤은 맹상군에게 진나라를 갈 수 있도록 마차를 한 대 빌려주면 반드시 전보다 더 존귀한 대접을 받을 수 있도록 만들어주겠다고 약속했다. 풍훤이 진나라에 도착하여 왕에게 말했다.

"천하의 세객들이 말을 서쪽으로 몰아 진나라로 오는 것은 진나라를 강하게 하기 위함이 아니라 제나라를 약하게 만들기 위해서입니다. 두 나라는 숙명적으로 같은 하늘 아래 양립할 수 없는 관계로 반드시 최후의 승자를 가려야 합니다."

진나라 왕은 이 말을 듣고 귀가 솔깃해져 진나라가 강국이 될 방법을 물어보았다. 풍훤은 다음과 같이 대답했다.

"제나라 왕이 맹상군의 관직을 파직한 사실을 대왕께서도 아실 것입니다. 제나라가 천하의 존경을 받은 이유는 맹상군이 있었기 때문입니다. 지금 제나라 왕이 유언비어에 속아 맹상군을 파직했는데, 이 일로 그가 원한을 품고 있습니다. 그가 제나라를 떠나 진나라로 향한다면 진나라는 제나라의 모든 정보를 장악할 수 있습니다. 대왕께서는 암암리에 선물과 함께 맹상군에게 사자를 보내십시오. 이 같은 좋은 기회는 다시 오지 않습니다."

진나라 왕은 크게 기뻐하며 마차 10대에 금은보화를 싣고 맹상군을 맞이하기 위해 사자를 제나라로 보냈다. 풍훤은 급히 사자를 추격하여 진나라 사자보다 앞서 제나라에 도착했다. 그는 제나라 왕에게 다음과 같이 권고했다.

"천하의 세객들이 말을 동쪽으로 몰아 제나라로 오는 것은 제나라를 강하게 하기 위함이 아니라 진나라를 약하게 만들기 위함입니다. 두 나라는 숙명적으로 같은 하늘 아래 양립할 수 없는 관계로 반드시 최후의 승자를 가려야 합니다. 소문에 의하면 진나라에서 이미 마차 10대에 금은보화를 싣고 맹상군을 맞이하려고 사자를 제나라로 보냈다고 합니다. 맹상군이 진나라에 가지 않는다면 상관없지만 진나라로 간다면 이는 천하가 진나라의 수중에 떨어지는 것과 같습니다. 진나라가 강성하면 자연히 제나라는 약해질 것이 분명한 이치로 제나라의 위험은 지금 경각에 달려 있습니다. 대왕께서는 진나라의 사자가 도착하기 전에 빨리 맹상군의 관직을 복귀시키고 이전보다 더 많은 영토를 하사하여 맹상군에게 사과하는 것이 좋을 것 같습니다. 대왕께서 이렇게 하신다면 맹상군은 기쁜 마음으로 대왕의 사과를 받아들일 것입니다. 진나라가 비록 강대하지만 어찌 함부로 다른 나라의 재상을 모셔갈 수 있겠습니까! 진나라의 음모를 꺾어 진나라가 패왕이 되지 못하게 하십시오."

제나라 왕은 풍훤의 권고를 듣고 크게 깨달아 맹상군의 직위를 회복시키고 원래 영토보다 천호(千戶) 더 넓은 토지를 하사했다. 진나라 사자는 맹상군의 관직이 회복되었다는 소식을 듣고 할 수 없이 마차를 돌려 진나라로 돌아갔다.

이것은 풍훤이 맹상군을 위해 만든 판매자시장으로 이 시장을 바탕으로 맹상군은 물고기가 물을 만난 것처럼 자신의 능력을 마음껏 발휘할 수 있었으며, 각국에 자신의 가치를 높일 수 있었다.

상대의 힘을 빌려 원하는 것을 얻는다

사회는 전쟁터와 같으며, 전투에서는 적을 속일 수 있어야 한다. 대중의 심리를 파악하고, 특수한 국면과 상황을 창조하며, 상대의 계책을 역이용할 수 있어야만 다른 사람이 생각해 내지 못한 묘수를 발견할 수 있다. 즉 강태공처럼 원하는 사람을 낚을 수 있는 것이다.

미국의 유명한 외교관인 키신저에게는 농업에 종사하는 친구가 한 명 있었다. 하루는 그 친구가 방금 대학을 졸업한 아들을 데리고 왔다. 친구의 아들은 직장도 없었으며 결혼도 하지 않은 상태였다. 친구는 키신저에게 아들 문제를 도와달라고 요청했다. 키신저는 친구의 말을 듣고 농담처럼 이미 유럽에서 유명한 은행가의 딸을 당신의 며느리감으로 점찍어 놓았다고 말했다. 친구와 그 아들은 이 말을 듣고 모두 기뻐했다.

유럽으로 건너간 키신저는 그 은행가를 찾아가 딸을 위해 좋은 남편감을 찾았다고 말했다. 그러나 은행가는 딸의 나이가 너무 어려서 아직 결혼시킬 마음이 없다고 했다. 키신저는 자신이 말한 청년이 세계에서 규모가 가장 큰 은행의 부행장으로 놓치기 아까운 자리라고 말했다. 이 말을 듣고 은행가와 그 딸은 크게 기뻐하며 키신저의 요청에 동의했다.

그뒤 키신저는 세계에서 규모가 가장 큰 은행의 은행장을 찾아가 당신을 위해 괜찮은 부행장을 찾았다고 말했다. 은행장이 이미 부행장이 있다고 대답하자 키신저는 그 청년을 부행장으로 고용하지 않으면 후회할 것이라고 말했다. 또한 그 청년이 바로 유럽 최대 은행가의 사위라고 말했다. 그러자 은행장은 기쁜 마음으로 키신저의 요청을 받아들였다.

키신저는 외교적인 방식으로 힘들이지 않고 친구의 아들에게 부행장의 지위를 안겨주었으며, 또한 혼인을 성사시켜 농부의 아들을 일순간 은행가의 사위로 만들었다. 여기에서 키신저가 사용한 방식이 바로 힘을 절묘하게 빌리는 방법이다.

허장성세를 이용하라

허장성세는 포커에서 없어서는 안 될 중요한 기술이다. 패가 좋지 않은 사람이 패가 좋은 것처럼 꾸미기 위해서는 허풍이 필요하다. 하지만 허장성세에도 한 가지 법칙이 있는데, 그것은 바로 너무 자주 사용하면 효과가 없다는 점이다. 열 판 가운데 여섯 판이 허풍이라면 상대방은 우리가 허풍인지 아닌지 구별하기 어려울 것이다. 하지만 그 이상으로 허풍을 떤다면 상대방은 우리가 지금 허풍을 떨고 있는지를 추측할 수 있다. 성급하게 승리하기를 원하는 사람은 허풍을 잘 떤다. 모험심이 강한 사람은 승부에서 이길 확률이 낮다. 이에 반해 신중하고 허풍을 잘 떨지 않는 사람은 승부에서 질 확률이 높지 않다. 하지만 기회를 놓칠 확률은 높다. 이 원칙은 도박뿐만 아니라 사람 사이의 지혜의 대결에서도 동일하게 적용된다.

영국의 유명한 작가 서머싯 몸이 젊었을 때의 일이다. 그는 재주가 뛰어났지만 아직 이름이 알려지지 않아 아무도 그의 책에 관심을 기울이지 않았다. 작가가 독자에게 자신을 받아들이게 할 수 있는 유일한 길은 작품이다. 작가가 자신의 작품을 호평한다면 아무도 그의 말을 신뢰하지 않을 것이고, 책도 사려고 하지 않을 것이다. 서머싯 몸은 궁리 끝에 기발한 아이디어를 생각해 내어 신문사에 다음과 같은 광고를 실었다.

"마음씨 착하고 훌륭한 여성을 찾습니다. 성격이 온화한 젊은 백만장자로 스포츠와 음악을 좋아합니다. 제가 바라는 여성은 최근에 출판된 서머싯 몸의 소설에 나오는 여주인공과 모든 점에서 닮은 여성입니다. 서머싯 몸이 쓴 소설의 여주인공과 닮았다고 생각되시는 분께서는 즉시 연락해 주십시오."

이 광고가 실린 지 며칠이 되지 않아 서머싯 몸의 책이 품절되었다. 그리고 서머싯 몸은 유명한 작가의 반열에 올랐다.

재치 있는 광고 몇 마디로 예상치 못한 효과를 볼 수 있다. 서머싯 몸은 인간의 호기심을 자극하여 사람들이 자신의 작품에 관심을 가지도록 유도했다.

이런 마케팅 기교의 비결은 기발한 아이디어와 그 아이디어를 숨기는 것이다. 어떤 사람은 허장성세를 부리는 것이 진실하지 못하다고 생각한다. 목표에 도달하기 위해서는 부득이하게 허장성세를 사용해야 할 때가 있다. 이것은 기술상의 문제이지 원칙상의 문제가 아니다. 거짓말이 허장성세라고 할 수 있지만, 허장성세를 반드시 거짓말이라고 할 수 없으며 그 자체로서 나쁜 것은 아니다. 중요한 것은 허장성세를 부리는 동기와 목적이다. 사회생활을 하다 보면 허장성세를 자주 목격하게 되는데, 특히 광고업, 미디어 매체, 법조계 관련 업무 등에서 그런 경향이 심하다.

허장성세의 관건은 태도이다. 언제 어디서 어떻게 하는가, 또는 무엇에 관한 것인가 등을 신중히 생각해야 한다. 밖에서 좋지 않은 일이 있었어도 집에서는 아무 일 없었다는 듯이 웃는 얼굴로 아내를 대하며, 아내에게 온순하고 다정다감한 인상을 주도록 최대한 노력해야 한다. 허장성세가 기교로 불리는 이유가 바로 여기에 있다. 또한 허장성세를 사용하더라도 도덕적으로 위배되는 행동을 해서는 안 된다. 다음은 허장성세를 사용할 때 주의할 6가지 원칙이다.

- 사용할 필요가 없을 때는 굳이 사용하지 않는다.
- 자주 사용하지 않는다.
- 허장성세를 부리기 전에 상대가 먼저 입장을 밝히게 한다.
- 자신의 지위에 대해 확고한 자신감을 가진다.
- 지나친 허풍은 위험을 초래한다.
- 자신의 함정에 빠지지 않는다.

이 6가지 규칙은 반드시 지켜야 한다. 세 번째 원칙의 경우 상대방이 먼저 태도를 표시하도록 하는 것이 바로 담판에서의 기교이다. 물건을 살 때 먼저 물건 가격을 제시한다면 그 가격이 바로 우리가 요구할 수 있는 최저 가격이다.

　　허장성세의 기교와 운용의 묘는 바로 마음에 있다. 허장성세는 용기가 필요한 행위이다. 배짱이 없고 유약한 사람은 허장성세를 부릴 수 없다. 일단 다른 사람이 우리가 허장성세를 부리고 있다는 사실을 눈치챘다면 이후로는 선입관을 가지고 대할 것이다. 아무리 우리가 진실을 말해도 말 가운데 허풍이 있다고 생각하게 된다.

세치혀로 천하를 마케팅 하라 13

'황제의 딸은 시집 못 갈 염려가 없다'는 말은
이미 옛말이 되어버렸다.
자신을 마케팅 하는 방법을 모른다면
아무리 재능이 뛰어나도 소용없다.

좋은 술도 향이 널리 퍼져나가야 그 가치가 빛난다

1915년 파나마 만국박람회에서 중국의 귀주마오타이주(貴州茅台酒)는 초라한 포장 때문에 심사위원의 냉담한 반응을 받아 출전도 못하고 돌아갈 뻔했다. 중국 참가자는 최고 품질의 귀주마오타이주 한 병을 실수한 것처럼 박람회장에 떨어뜨렸다. 술병이 깨지면서 술 향기가 퍼지자 사람들은 그 향기를 맡고 순식간에 몰려들었다. 결국 귀주마오타이주는 파나마 만국박람회에서 대상을 차지했으며, 그 이후 세계로 뻗어 나가기 시작했다.

좋은 술도 마케팅할 기회를 가지지 못하면 그 가치를 인정받기 어렵다. 마케팅을 이해하지 못한다면 아무리 좋은 술 혹은 아무리 뛰어난 인재라도 타인의 주목을 받지 못하고 더 높은 곳을 향해 나아갈 출구를 발견하지 못한다. 『삼국지연의』를 읽어본 독자라면 관우의 이름이 천하에 널리 퍼질 기회를 만들어준 사수관 전투를 기억할 것이다. 사람은 관우의 용맹만을 감탄하고 관우가 술잔이 식기 전에 화웅의 목을 베어 오겠다던 호언장담의 묘한 이치를 그다지 주목하지 않는다. 그 호언장담이 없었다면 관우는 조조의 주목을 받지 못했을 것이며 출전의 기회도 얻지 못했을 것이다. 또한 서서는 신야성에서 유비를 만나 "산곡에 현인이 있어 명군에게 몸을 기탁하려 하며 명군도 현인을 찾고 있지만 현인을 알아보지 못하네"라는 노래를 부름으로써 중용의 기회를 얻었다. 당시에 관우와 서서가 자기를 표현할 기회를 잡지 못했다면 얼마나 많은 곡절을 거친 후에야 자신의 재능을 세상에 떨칠 수 있었겠는가.

1924년 미국의 한 전문가 그룹이 실시한 조사에 의하면 개인의 비즈니스 성공, 가정 행복, 생활의 질은 모두 마케팅 능력과 밀접한 관련이 있는 것으로 밝혀졌다. 상품의 가격은 상품의 가치와 시장의 수요로 결정된다. 즉 상품은 고객을 통해 그 가치가 결정되는 것이다. 사람도 마찬가지이다. 성공적인 인생을 살기 위해서는 반드시 자신의 실력과 시장이 완벽하게 맞아떨어져야 한다. '이익은 구매자를 통해 실현되는 것이지 자신의 호주머니에서 얻어지는 것이 아니다'라는 점을 기억해야 한다. 생산력과 교육 수준이 높아짐에 따라 상품과 인재들이 넘쳐나고 있다. 즉 우리는 구매자 시장에 살고 있는 셈이다. 구매자 시장에서 자신을 마케팅하기 위해서는 먼저 타인이 자신을 주목하고, 이해할 수 있도록 만들어야 한다. 상품의 포장과 PR이 아무리 완벽하더라도 상품의 질이 좋지 못하면 실패하고 만다. 좋은 가격에 상품을 팔기 위해서는 상품의 질과 마케팅 두 방면을 동시에 개선해야 한다.

진자앙(陳子昂)이 뛰어난 시재(詩才)를 가지고 있지 않았다면, 비파 천 개를 동원하여 분위기를 한껏 띄워도 별다른 감흥을 일으키지 못했을 것이다. 자신 앞으로 고객을 끌어들여 자신을 알고 이해하게 만들지 못한다면 아무리 뛰어난 능력과 재주가 있어도 누구도 우릴 고용하지 않을 것이다. 중국 속담에 "복숭아나무와 오얏나무는 말을 하지 않지만 그 밑에는 자연히 길이 생긴다"는 말이 있는데, 덕망이 높은 사람은 자연히 사람이 따르게 한다는 의미이다. 하지만 이 말도 이제는 옛말이 되었다. 황제의 딸도 시집을 가기 위해서는 깊은 궁궐에서 나와 주동적으로 자신을 마케팅해야 한다.

이 선생은 직장 상사의 인정을 받지 못해 항상 불만으로 가득했다. 그래서 마음속으로 'CEO를 만나면 반드시 나의 재능을 보여줄 것이다'라고 다짐하고 있었다. 왕 선생 역시 동일한 생각을 품고 있었지만 이 선생보다는 한 걸음 더 나아가, CEO의 출퇴근 시간을 알아보고 언제쯤 엘리베이터를 타면 그와 마주칠 수 있을지 면밀히 계산하여 CEO에게 인사말을 전할 계획을 하고 있었다. 그들의 동료사원인 유 선생은 이보다 더 나아가 CEO의 인생역정, 학력, 대인관계의 취향, 취미 등을 면밀히 조사한 후 간단하지만 무게감이 있는 인사말을 정성스럽게 준비했다. 운이 좋아 CEO와 같은 엘리베이터를 타게 된다면 준비한 인사말을 전하면 되는 것이다. 유 선생은 이렇게 CEO에게 몇 번 인사말을 건넬 기회를 잡은 후 우연히 좀 더 긴 시간 동안 대화할 기회를 얻었다. 장시간의 대화로 유 선생은 CEO에게 강한 인상을 심어주었으며, 마침내 더 높은 자리로 승진할 수 있었다.

우매한 사람은 기회를 놓치고, 지혜로운 사람은 기회를 잡으며, 성공하는 사람은 기회를 만든다. 기회는 준비된 사람에게만 오는 것이다. 이 세상에서 자신보다 똑똑한 사람은 5%밖에 되지 않으며, 자신보다 우매한 사람 역시 5%밖에 되지 않는다. 그러면 우리는 무엇으로 자신이 타인보다 더 가치 있다는 것을 증명할 수 있을까? 지금까지 대중의 사랑을 받은 상품은 모두 마케팅을 훌륭히 수행했던 상품이다. 세상을 향한 대담한 마케팅만이 자신을 널리 알릴 수 있다.

풍훤의 자기 세일즈

개인의 진정한 가치는 능력보다는 그가 사회에서 수행하는 역할과, 사회가 그것을 어떻게 인정하느냐에 달려 있다. 개인적인 능력이 뛰어나도 그것을 필요로 하고 인정해 줄 곳이 없으면 아무 소용이 없다. 시장경제 체제하에서 인간의 상품화는 필연적이다. 중국의 유명한 작가인 장씨엔리앙(張賢亮)은 "시장경제하에서 인격과 양심을 제외하고는 모두 팔 수 있다"라고 말했다.

사실 사회에서 우리가 무슨 일을 하든지 결국은 자신에 대한 물질적 정신적 요소들을 판매하는 것이다. 소비자가 우리가 판매할 상품에 흥미를 느끼게 하려면 먼저 우리 자신에게 흥미를 가지도록 만들어야 한다. 우리는 자신의 상품을 세일즈 한다는 개념에서 자신을 세일즈 한다는 개념으로 전환해야 한다. 기네스북이 인정한 세계 제일의 세일즈맨 조 지라드가 베이징에서 강연을 할 때였다. 어떤 사람이 "당신은 무엇을 세일즈 합니까?"라고 물었다. 그러자 지라드는 "내가 세일즈 하는 것은 세계에서 가장 좋은 상품이며 유일무이한 조 지라드입니다"라고 회답했다.

자신을 적절히 마케팅하는 방법을 알았던 대표적인 인물 가운데 하나가 바로 전국시대 맹상군의 문객으로 있던 풍훤이었다.

　　풍훤은 너무 가난하여 살길이 막막한 지경에 이르렀을 때, 맹상군을 찾아와 자신을 문객으로 삼아줄 것을 부탁했다. 맹상군은 공경한 자세로 풍훤에게 "무슨 취미가 있습니까?" 하고 물어보았다. 그러자 풍훤은 "아무 취미도 없습니다"라고 대답했다. 다시 맹상군은 "특별히 잘하시는 것이 있습니까?"라고 물어보았으나 풍훤은 "아무것도 잘하는 것이 없습니다"라고 대답했다. 맹상군은 풍훤을 보고 웃으며 머리를 끄덕였다. 하지만 맹상군의 집에 있는 총관은 풍훤을 무시하며 소홀히 대접했다. 그러자 풍훤은 문에 기대어 검을 타며 "장검아! 장검아! 우리 그만 돌아가자! 반찬에 생선 한 마리 없구나"라고 노래를 불렀다.

　　하인이 이 사실을 맹상군에게 보고하자 그는 식사에 생선을 대접하고 대우를 한 단계 높일 것을 명했다. 얼마 후 풍훤은 다시 문에 기대어 검을 타며 "장검아! 장검아! 우리 그만 돌아가자! 밖을 나가는데 마차 하나 없구나"라고 노래를 불렀다. 맹상군은 이 말을 듣고 대우를 다시 한 단계 더 높일 것을 명했다. 그후 오래지 않아 풍훤은 또다시 문에 기대어 검을 타며 "장검아! 장검아! 우리 그만 돌아가자! 심지어 가족을 부양할 돈 한 푼 없구나"라고 노래를 불렀다.

　　사람들이 모두 풍훤의 행동이 도가 지나치고 탐욕으로 가득 찼다고 비난했으나, 맹상군은 그가 예사롭지 않은 인물임을 알아보고 하인을 시켜 가족 사항을 알아보게 했다. 하인이 집안 사정을 조사한 후 노모 한 분이 살아 있음을 알리자 맹상군은 정기적으로 노모에게 옷가지와 음식을 보낼 것을 명했다.

그 당시 맹상군은 수천 명의 문객을 돌보기 위해 설읍 주민을 상대로 돈놀이를 하고 있었다. 맹상군이 설읍 주민이 빌린 돈을 돌려주지 않아 고민하고 있을 때 풍훤이 빚 독촉을 자청했다. 출발할 때 그는 "빚을 받고 나면 무엇을 사올까요?"라고 물었다. 맹상군은 "무엇이든 좋으니 여기에 부족한 것을 사오시오"라고 말했다.

설읍에 도착한 풍훤은 빚진 사람을 모두 한자리에 모아 그들이 말한 액수와 차용증서를 대조해 보니 모두 일치했다. 그후 풍훤은 소를 잡고 술을 준비하여 사람들에게 연회를 베풀었다. 사람들의 기분이 모두 들떠 있을 때 풍훤은 모든 차용증서를 그 자리에서 불태웠다. 풍훤의 보고를 듣고 어이없어하는 맹상군에게 풍훤은 호기롭게 말했다.

"본전과 이자는 모두 회수하지 못했지만, 천금만금으로도 얻지 못하는 은의를 얻어왔습니다."

맹상군은 이 말을 듣고 마땅찮은 기색이었으나 어쩔 수 없어 그를 물러나게 했다.

그로부터 1년 뒤 제나라 왕의 미움을 산 맹장군이 재상의 자리에서 물러나 설읍으로 가게 되었다. 맹상군이 설읍에 도착하기까지 100리가 더 남았지만, 백성들이 미리 몰려나와 그를 반갑게 맞이했다. 맹상군이 풍훤을 돌아보며 "선생께서 얻어왔다는 은의란 것이 무엇인지 이제야 깨달았습니다"라고 말했다.

풍훤의 전략은 "'차용증서를 태우는 것'과 '의를 사는 것'이었다. 이것으로 맹상군은 재상의 자리를 수십 년 동안 굳건히 지킬 수 있었다.

결정적 순간을 위한 준비

기회는 우연히 다가온다. 성공의 요소는 우수한 실력이 아니라 기회가 왔을 때 그것을 알아보고 자신의 재주를 마음껏 발휘할 수 있는 능력이다.

한 양장점에 오랜 기간 사부 밑에서 수련을 쌓은 견습공이 있었는데, 그는 하루라도 빨리 사부의 곁을 떠나 자신의 길을 가길 원했다. 그때 한 손님이 양장점에 와서 자신의 치수에 맞는 양복 한 벌을 주문했다. 견습공은 독립할 생각에만 정신이 팔려 그가 주문한 양벌을 대충대충 만들었다. 손님은 양복을 받아들고 불쾌한 표정으로 양장점을 떠났다. 그러자 견습공의 사부는 안타깝다는 표정으로 들어와 그에게 말했다. "금방 그 손님은 유명한 의류회사의 CEO로 능력 있는 디자이너를 찾고 있어 너를 추천할 마음에 어렵게 양장점으로 모시고 왔는데 너는 평소 실력의 절반도 발휘하지 못하고 오히려 양복을 엉망으로 만들었구나."

한 걸음 한 걸음 자신을 마케팅 해야 한다는 사실을 이해하지 못하는 사람은 때때로 결정적인 순간에 기회를 놓친다. 기회는 준비된 사람에게 온다는 의미가 바로 이것이다. 한 걸음 한 걸음 자신을 마케팅 하기 위해서는 우선 다른 사람의 비웃음을 두려워하지 않는 자신감이 필요하다. 자신감을 바탕으로 목표를 향해 끈기 있게 나아가야 한다.

성공 비결은 다른 사람이 관심을 가지지 않는 일과 중요하게 여기지 않는 사소한 것에 있다. 상대방이 우리의 능력과 굳센 의지를 느낀다면 우리를 달리 볼 것이고, 우리의 일처리 방식을 인정할 것이다. 한 걸음에서 시작된 마케팅은 바로 향후의 기회를 위한 초석을 닦는 일이다.

적선소의 지혜

한 회사에서 고액의 연봉을 제시하며 영업사원을 모집하자, 지원자들이 구름처럼 몰려들었다. 그 회사의 인사책임자가 말했다.

"이론적인 능력보다는 실무적인 능력이 뛰어난 영업사원을 뽑기 위해 한 가지 실습을 하겠습니다. 모든 수단을 동원해서 스님에게 빗을 가장 많이 파는 사람을 뽑겠습니다."

인사책임자의 말을 들은 지원자들은 대부분 곤혹감을 감추지 못했으며 심지어 분노를 표출하는 사람도 있었다. 스님한테 빗이 무슨 소용이 있겠는가? 지원자들이 모두 떠난 후 그 자리에 자오웨이, 후앙귀, 왕웨이 세 사람만이 남았다. 인사책임자는 세 사람에게 10일 후 판매현황을 보고할 것을 통보했다. 10일의 기한이 지난 후 세 사람이 인사 책임자 앞으로 왔다. 먼저 인사책임자가 자오웨이에게 질문했다.

"몇 개 팔았습니까?"

"한 개를 팔았습니다."

"어떻게 팔았습니까?"

"절에서 스님들에게 빗을 팔려고 하자 스님들이 욕을 하며 내쫓았습니다. 그렇게 절을 내려오는 중에 햇볕을 쬐고 있는 동자승을 만났습니다. 동자승은 제대로 씻지 않아 때가 가득한 머리를 긁고 있었습니다. 그때 제가 빗으로 머리를 긁어주자 동자승은 만족해하며 하나 사주었습니다."

다음은 후앙궈에게 질문했다.

"몇 개 팔았습니까?"

"열 개를 팔았습니다."

"어떻게 팔았습니까?"

"빗을 팔기 위해 유명한 사찰을 방문했습니다. 그 사찰은 산이 높고 바람이 세게 불어 향화객의 머리카락이 엉클어지기 쉬웠습니다. 따라서 그 사찰의 총무원장을 찾아가 단정하지 못한 몸가짐은 부처님에 대한 불경한 태도라고 말한 후 사찰 내 건물마다 빗을 놓아두어 향화객이 머리카락을 단정히 할 수 있도록 해야 한다고 말했습니다. 그러자 총무원장이 빗을 열 개 구입해 주었습니다."

인사책임자는 앞서 두 명의 지원자와 동일한 질문을 왕웨이에게 하였다.

"몇 개 팔았습니까?"

"천 개 팔았습니다."

"어떻게 팔았습니까?"

"빗을 팔기 위해 깊은 산에 위치한 이름 높은 사찰을 찾아갔습니다. 그 사찰에는 참배객들의 발길이 끊이지 않았습니다. 저는 총무원장에게 '향을 밝히는 참배객들은 모두 기원하는 마음이 있으니 사찰에서 조그만 선물을 준비하여 평안함과 행운의 기념품으로 삼고 더욱 착한 일을 하도록 격려하는 것이 어떻겠습니까?'라고 말했습니다. 또한 총무원장님의 뛰어난 필체로 빗에 적선소(積善梳, 선을 쌓는 빗)라는 글자를 새겨 나누어 주는 것이 좋겠다고 건의했습니다. 그러자 총무원장은 그 자리에서 천 개를 구입했습니다. 또한 저에게 며칠 더 머무르면서 적선소를 참배객에게 나누어 주는 의식에 함께 참여할 것을 요청했습니다. 이뿐만이 아닙니다. 적선소를 나누어 주는 일이 널리 퍼져 사찰에 오는 참배객들이 이전보다 훨씬 더 많아지자 총무원장은 사찰을 방문하는 시주와 향화객의 등급에 따라 빗을 나누어 줄 목적으로 각양각색의 빗을 더 구해 줄 것을 요청했습니다."

위의 일화는 마케팅 전략을 잘 이용하면 불가능한 일도 큰 기회로 변모시킬 수 있다는 것을 보여준다. 자주 경험한 일은 종종 긴장을 늦추고 소홀히 하기 쉬우므로 거기에 자신의 마케팅 전략을 가미하면 의외의 효과를 발휘할 수 있다.

방통이 세상에 나온 까닭

범려는 월왕을 모신 후 은퇴하여 공예품 상점을 열었다. 하루는 물건을 사기 위해 손님이 찾아왔다. 범여는 4개가 한 묶음인 8백 냥짜리 정교한 공예품을 손님에게 추천했다. 손님은 그 가운데 2개에 관심을 보였다. 범여는 5백 냥을 주면 2개를 팔겠다고 말했으나, 손님은 거래에 응하지 않았다. 범여는 "이 공예품이 마음에 들지 않는 것 같으니 저도 다시 이 물건을 팔기가 부끄럽군요."라고 말한 후 공예품 한 개를 바닥에 던져버렸다. 손님은 자신이 좋아하는 공예품이 깨지자 급한 마음에 얼른 범여를 가로막고 8백 냥에 3개를 구입하겠다고 말했다. 범여는 그 말에 반응도 보이지 않고 다시 다른 공예품 하나를 들었다. 손님은 더 이상 참지 못하고 부서진 공예품까지 포함하여 1천 냥에 모두 구입할 테니 더 이상 공예품을 깨뜨리지 말라고 사정했다.

방통은 고의로 공예품 한 개를 깨뜨려 남은 공예품에 대한 가치를 높인 것이다. 이런 방법은 자신을 마케팅하는 데도 효과를 발휘한다. 삼국시대 노숙이 방통을 추천한 일화를 자세히 알아보자.

방통의 자는 사원이며, 양양군 사람으로 제갈량과 쌍벽을 이룰 정도로 뛰어난 책사였다. 흔히 제갈량을 와룡(臥龍, 누워 있는 용)이라고 부르며 방통을 봉추(鳳雛, 봉황의 새끼)라고 한다. 즉 와룡봉추는 제갈량과 방통을 일컫는 말이다. 하지만 유비도 처음에는 방통의 용모가 탐탁지 않아 그를 크게 기용하지 않았다. 그래서 방통은 의도적인 기행으로 유비의 관심을 불러일으켜 자신의 가치를 드러냈다.

삼국시대 오나라의 주유가 세상을 떠난 후 노숙은 손권에게 방통을 천거했다. 처음에는 손권도 이 말을 듣고 크게 기뻐했으나, 방통의 용모를 보고 마음에 들지 않았다. 방통은 검고 짙은 눈썹에 콧구멍은 하늘을 향해 있고, 얼굴빛이 무척 검었다. 노숙은 방통이 적벽대전에서 연환계(連環計)를 사용하여 큰 공을 세웠다는 점을 손권에서 상기시켰으나, 손권은 여전히 방통을 미친 선비쯤으로 간주하고 중용할 뜻을 내비치지 않았다. 방통은 할 수 없이 오나라를 떠날 것을 결심했는데, 노숙은 방통을 유비에게 천거했다. 그때 마침 주유를 조문하기 위해 시상구에 있던 제갈량을 만나 그의 추천서도 받게 되었다.

방통은 유비를 보자 인사도 하지 않았으며, 노숙과 제갈량이 써준 추천서 역시 전하지 않았다. 유비도 방통의 용모가 마음에 들지 않아 작은 고을의 현령으로 임명했다. 뛰어난 재주를 가진 방통이었지만 못생긴 용모 때문에 몇 번이나 푸대접을 받고 중용되지 못하자, 일반적인 방법은 통하지 않음을 깨닫게 되었다. 방통은 뇌양현에 도착했으나 민심과 정사는 돌보지 않고 매일 음주와 가무를 즐겼다. 유비는 이 소식을 듣고 대노하여 방통을 책망하기 위해 장비를 보냈다.

하지만 방통은 장비가 뇌양현에 도착한 그 시각에도 단정하지 못한 옷차림으로 술을 마시고 있었다. 장비는 현령으로서 책임을 다하지 않은 것을 책망했다. 방통은 히죽 웃으며 "백 리밖에 되지 않는 작은 현을 다스리는 공무가 어려울 것이 무엇이 있겠습니까"라고 말했다. 그러고는 서리에게 몇 개월 미뤄두었던 공무를 모두 가져오게 한 후 소송사건과 관련된 사람들을 모두 불러들였다.

방통은 한편으로는 사람이 하는 말을 듣고 한편으로는 판결문을 적으면서 큰 소리로 소송 결과를 판결했는데, 하나도 틀린 것 없이 구구절절 옳은 말이었다. 소송 당사자들은 모두 엎드려 절을 하고는 물러갔다. 방통은 한식경도 되지 않아 몇 달 동안 미루어둔 정사를 모두 처리했다. 그러고는 붓을 내려놓으며 장비에게 말했다.

"아직 처리하지 않은 정사가 있습니까? 바로 조조와 손권의 일입니다. 그 일도 모두 내 손 안에 있는데, 이런 작은 고을의 일에 힘을 쏟을 필요가 있겠습니까?"

장비는 이 말을 듣고 크게 놀라며, 유비에게 방통을 강력히 추천할 것이라는 의사를 표시했다. 방통은 그때야 비로소 노숙의 추천서를 장비에게 건네주었다. 그리고 유비를 만나 제갈량의 추천서를 전했다. 마침내 방통의 뛰어난 재능을 알아본 유비는 그를 부군사로 삼아 제갈량과 함께 계책을 세우며 군사를 조련하게 했다.

자신의 능력을 알리기 위해 자신의 재능을 남에게 모두 보여줄 필요는 없다. 전략적인 침묵과 행동으로 상대의 흥미를 조금씩 자극하여 상대가 스스로 찾아오게 하는 것이 바로 마케팅 전문가가 추구해야 할 이념이다. 여기서 상대의 흥미를 불러일으키는 것과 대담하게 자기를 표현하는 것은 서로 모순된 개념이 아니다. 훌륭한 사람은 한편으로는 자신의 위엄을 보여주고 다른 한편으로는 신비감을 조성하여 상대의 흥미를 유발한다.

옮긴이 **김태일**
동아대학교 무역학과를 졸업하고, 중국 상해재경대학원에서 경제학 석사학위를 취득했다. 현재 SBS 번역 대상 최종심사기관으로 위촉된 (주)엔터스코리아 전속 번역가로 활동하고 있다. 옮긴 책으로는 『마케팅 이렇게 승부하라』, 『세계 경제를 이끈 경영자』 등이 있다.

세치혀 사람을 끌어들이는 힘

초판 1쇄 인쇄 | 2006년 4월 25일
초판 1쇄 발행 | 2006년 4월 30일

지은이 | 아번   옮긴이 | 김태일
펴낸이 | 이영희   펴낸곳 | 이손
등록번호 | 제2-2246호   등록일자 | 1996년 9월 10일

주소 | 100-391 서울시 중구 장충동 1가 35-21 대명빌딩 102호
전화 | (02)2269-0895   팩스 | (02)2272-8823
E-mail | editress@empal.com

ISBN 89-87095-72-X   03320   값 10,000원
잘못된 책은 본사나 구입하신 서점에서 바꿔드립니다.